R을 활용한 의료데이터 핸들링

주형준 지음

한나래 아카데미

R을 활용한 의료데이터 핸들링

2021년 1월 30일 1판 1쇄 박음
2021년 2월 5일 1판 1쇄 펴냄

지은이 | 주형준
펴낸이 | 한기철

펴낸곳 | 한나래출판사
등록 | 1991. 2. 25. 제22–80호
주소 | 서울시 마포구 토정로 222, 한국출판콘텐츠센터 309호
전화 | 02) 738–5637 · 팩스 | 02) 363–5637 · e–mail | hannarae91@naver.com
www.hannarae.net

ISBN 978–89–5566–244–3 93310

과거에는 수백 명 정도의 환자 데이터를 정리하여 분석하는 규모로 임상의학 연구가 진행되었습니다. 하지만 오늘날에는 수천, 수만 명의 환자 데이터를 분석하는 연구로 그 규모가 점점 확대되고 있습니다. 정부에서도 수백만 명의 건강보험 데이터와 국민건강영양조사 데이터를 합법적인 절차를 통해 공개함으로써 이제 누구나 손쉽게 엄청난 양의 빅데이터 분석을 수행할 수 있게 되었습니다. 또한 최근에는 e-CRF와 같은 웹 기반의 증례 기록 플랫폼을 통해 비교적 정리된 형태로 데이터를 수집하기도 합니다.

그러나 현실에서는 아직까지 많은 연구자들이 Excel에 데이터를 직접 입력하며 자료를 수집하고, 데이터 정제 과정 역시 Excel 을 사용해 하나하나 공을 들이는 경우가 많습니다. 연구에 있어서 데이터 분석은 무엇보다 중요하고 어렵지만, 실제로는 데이터를 수집하고 분석이 가능하도록 정제하는 작업에 훨씬 많은 시간과 노력이 소요되기도 합니다. 그래서 어떤 연구자는 '연구의 80%가 데이터를 수집하고 정제하는 작업'이라고 이야기하기도 하지요. 충분한 시간이 주어진다면 수백 명의 환자 데이터를 Excel로 수집하고 정리하는 수작업을 어느 정도 진행할 수 있겠지만, 수천 명의 데이터를 수작업으로 작업하기란 거의 불가능합니다. 수천 명의 데이터를 정리하다가 어느 순간 데이터 정리 방식을 변경해야 할 필요가 생긴다면 어떻게 할까요? 다양한 형식으로 되어 있는 여러 기관의 데이터를 합쳐야 할 때는 또 어떻게 할까요? 이처럼 수작업으로 데이터 정제 작업을 하다 보면 어디서부터 어떻게 손을 대야 할지 난감한 경우에 자주 부딪히게 됩니다. 저도 그러한 경험을 수없이 했습니다.

R 프로그램을 사용하면 코딩을 통해서 데이터가 정리되는 과정을 다시 되새길 수 있고, 연구자가 원하는 시점에 데이터 정리 방식에 얼마든지 변화를 줄 수 있습니다. 그리고 통계 및 시각화 패키지들이 풍부하여 이를 활용해 여러 가지 분석을 수행하고 그래프도 만들 수 있습니다. 나아가 R 마크다운(R markdown)을 사용해서 문서화 작업도 할 수 있습니다. 저는 컴퓨터 비전공자인 임상의사로서 의학 연구를 수행하는 과정에서 필요로 인해 어쩔 수 없이 R을 배우게 되었습니다. 수년 동안 R을 활용해 연구를 진

행하면서 수많은 시행착오를 겪었지만, 개인적으로 이제는 의학 연구를 하는 연구자는 기본적으로 R을 다룰 줄 알아야 한다고 생각하게 되었습니다. 이에 R 데이터 분석을 다루는 도서들이 이미 많이 나와 있음에도 불구하고, 임상의학 연구에 특화된 실질적인 데이터 전처리 과정을 소개하고자 이 책을 집필하였습니다.

본문은 실제 임상데이터를 가공하여 만든 예제 데이터를 통해 데이터 전처리부터 분석까지 연구의 실제 진행 과정을 체계적으로 보여줄 수 있게 구성했습니다. 제가 겪었던 시행착오를 이 책을 보는 독자들은 반복하지 않았으면 하는 바람에서 R을 활용한 임상연구 수행의 핵심 내용, 실질적인 내용을 담고자 노력했습니다. 제가 컴퓨터나 통계 전공자가 아니기 때문에 그러한 관점에서 부족한 점이 드러나지는 않을까 여전히 걱정스럽기는 합니다. 그러나 이 책이 의학 연구를 접해보지 못한 비의학계 연구자나 의과대학 학생과 같은 독자들에게 실질적인 사례를 통해 의학 연구의 과정을 간접적으로 경험해보는 기회를 제공할 수 있기를 바랍니다. 아울러 실제로 의학 연구에 참여했을 때 당황하거나 좌절하지 않고 효율적으로 연구를 수행하는 데 도움이 될 수 있기를 소망합니다.

2020년 가을

주형준

차례

들어가며 3

ch. 1 R 기초

1 R 시작하기 10

1-1 R 설치 및 R Studio 세팅 10

1-2 패키지 12

2 R 기본 활용법 15

2-1 R 데이터 구조 및 기초 문법 15

1) 객체지향언어 R 15

2) 기본 사용법 16

3) 벡터 17

4) 데이터프레임 20

2-2 함수 및 패키지 활용 24

1) 많이 쓰는 함수들 24

2) 그 밖에 많이 사용하는 함수 28

3) dplyr 패키지 36

ch. 2 데이터 전처리

1 프로젝트의 시작 42

2 데이터 정리하기 44

2-1 데이터 관리 및 불러오기 44

1) Excel 파일을 불러오는 방법 46

2) CSV 파일을 불러오는 방법 48

2-2 데이터 삭제하기 52

1) 데이터가 없는 행 삭제 52

2) 중복되는 데이터 삭제 54

2-3 날짜 변수 정리하기 57
1) 날짜 표현 통일하기 57
2) 1900년 1월 1일 66

2-4 그 밖의 변수 정리하기 69
1) 카테고리형 변수 정리 69
2) 수치형 변수 정리 75
3) 레벨 정리 76
4) NA(결측값) 처리 78

2-5 변수 새로 만들기 82
1) 수치형 → 카테고리형 82
2) 문자형 변수의 조합 및 연산 85
3) 정규표현식 95
4) 수치형 변수 연산 101
5) 문자형 → 카테고리형 106

3 탐색적 데이터 분석 120

3-1 카테고리형 변수 분석하기 120
3-2 수치형 변수 분석하기 123
3-3 날짜 오류 확인하기 127
1) 제일 빠른 (최소) 날짜, 제일 늦은 (최대) 날짜로 추출 128

4 데이터 분할 및 관리 132

4-1 데이터 나누기 132
1) CSV 파일 133
2) Excel 파일 134

4-2 데이터 합치기 140
1) 데이터 합치기 (세부기관) 140
2) 데이터 합치기 (주관기관) 143

ch. 3 데이터 분석 및 시각화

1 데이터 그룹핑하기 ... 154

2 데이터 분석 및 시각화 ... 158

2-1 그룹별 단면 분석하기 ... 158

1) Baseline Clinical Characteristics 분석 ... 158

2) 세 그룹 이상에서 평균의 비교 ... 159

2-2 연구 종점 및 기간 변수 만들기 ... 168

1) 복합 연구 종점 설정 ... 168

2) 사건 발생까지의 기간(일수) 변수 생성 ... 170

3) 1년까지 결과를 분석하기 위한 변수 생성 ... 172

2-3 연구 결과 분석하기 ... 174

1) mytable()를 활용한 연구 결과 분석 ... 174

2) 생존 분석 ... 177

3) ROC 분석 ... 182

마치며 ... 187

부록(코드북, 찾아보기) ... 189

chapter 1

R 기초

1 R 시작하기
2 R 기본 활용법

1 R 시작하기

R을 처음 접해보는 독자들을 위해 기초 부분을 필요한 부분만 정리했습니다. 요약식으로 서술해 다소 어렵게 느껴질 수도 있지만 개의치 않으시길 바랍니다. 데이터 정제 작업은 반복 작업이 엄청 많습니다. 데이터 정제 작업을 계속하다 보면 자연스럽게 익숙해질 수 있을 것입니다. 반면 R을 어느 정도 다룰 줄 아는 독자들은 이 장이 너무 쉽게 느껴질 것입니다. 그런 분들은 이 장의 내용은 건너뛰어도 무방합니다.

1-1 R 설치 및 R Studio 세팅

R 공식 홈페이지(https://www.r-project.org/)와 R Studio 공식 홈페이지(https://www.rstudio.com/)에서 두 프로그램을 설치합니다. R 프로그램이 핵심이지만, R Studio가 R을 활용하는 데 굉장히 편한 환경을 제공하기 때문에 보통 두 프로그램을 같이 설치합니다. 설치 방법은 인터넷에도 잘 나와 있습니다.

R Studio를 열면 다음과 같이 첫 화면이 나옵니다.

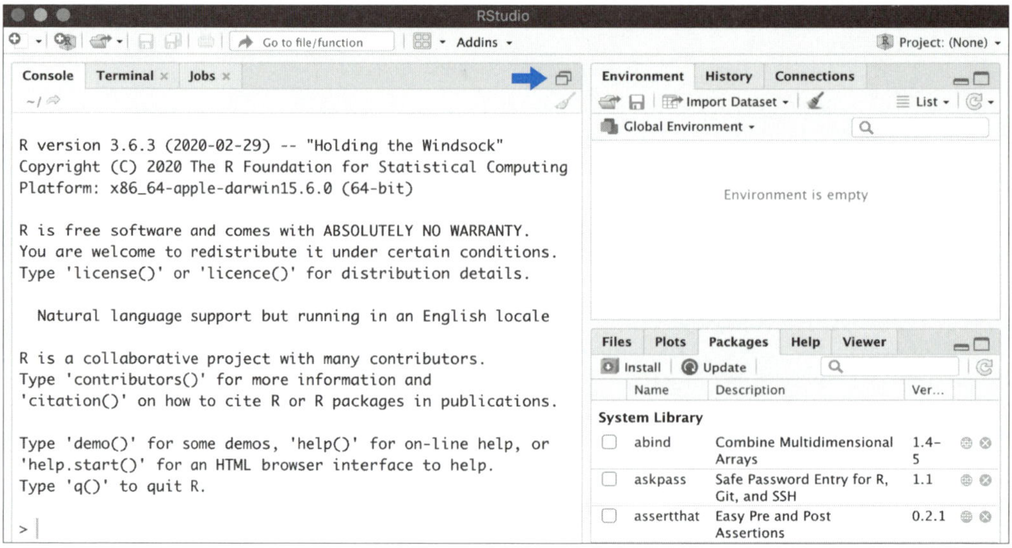

[그림 1-1] R Studio 기본 화면

[그림 1-1] 위쪽 화살표로 표시된 을 누르면 왼쪽 화면이 둘로 나뉘면서 전체 4개로 구성된 화면이 나타납니다. 이 화면이 R Studio의 기본 화면입니다[그림1-2]. 왼쪽 아래의 ②번 화면이 콘솔(console)창으로서 R을 실제로 구동시키는 창입니다. 콘솔창에서는 코드를 한 줄씩 작성하고 실행해야 하기 때문에 번거로운 면이 있습니다. 그래서 보통 왼쪽 위의 ①번 소스(source)창[혹은 코드 에디터(code editor)라고 함]에서 코드를 어느 정도 작성한 후, 실행할 부분을 드래그한 다음에 Control + Enter하여 콘솔창에서 실행되게 합니다. 실행 결과는 콘솔창에 출력되는데, 이미지의 경우에는 오른쪽 아래 ③번 플롯(plots)창에 출력됩니다. 오른쪽 위에는 ④번 환경(environment)창 등이 있습니다. 환경창에는 현재 사용하고 있는 데이터들에 대한 요약정보가 표시됩니다.

정리하면, 왼쪽 위의 ①번 소스창에서 코드를 작성한 후 드래그 + Control + Enter로 실행하여 아래의 두 화면(②번 콘솔창과 ③번 플롯창)에서 결과를 확인하면 됩니다.

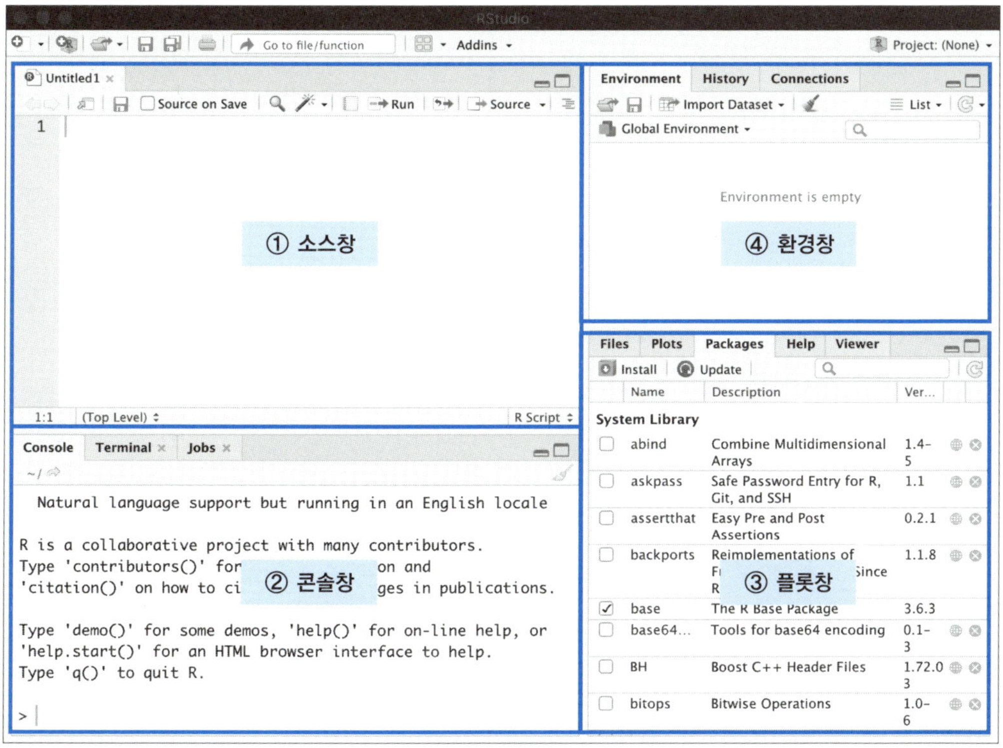

[그림 1-2] 코드에디터 창 열기

1-2 패키지

R은 여러 함수들이 포함되어 있는 다양한 패키지를 인터넷에서 다운로드받아서 사용할 수 있습니다. 이 책에서도 여러 패키지의 다양한 함수들을 사용하였습니다. 예시문을 그대로 입력했는데 빨간색으로 [could not find function '함수 이름']이라는 에러메시지가 출력된다면 해당 패키지를 다운받고 로딩해야 합니다.

패키지를 찾을 때는 [그림 1-3]과 같이 구글에서 r package 함수 이름을 입력해 검색한 후 www.rdocumentation.org에 있는 roc.test function | R Documentation을 열어보면 해당하는 함수에 대한 자세한 설명이 나와 있습니다. 함수가 들어 있는 패키지 이름은 오른쪽 상단 박스 안 From 뒤에 나와 있습니다[그림 1-4]. 참고로 https://rseek.org 페이지도 유용합니다.

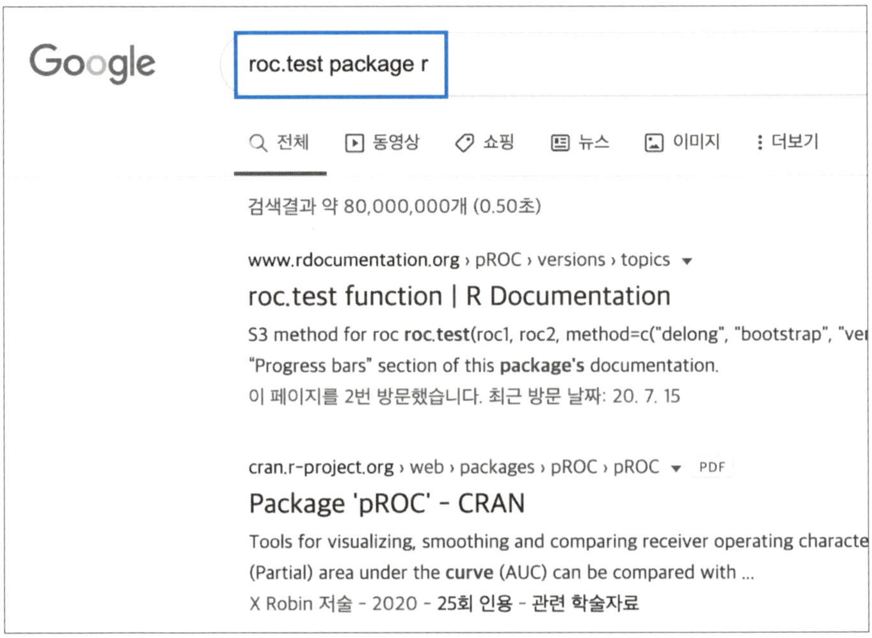

[그림 1-3] 구글 검색 예시(roc.test 함수에 대한 패키지를 검색)

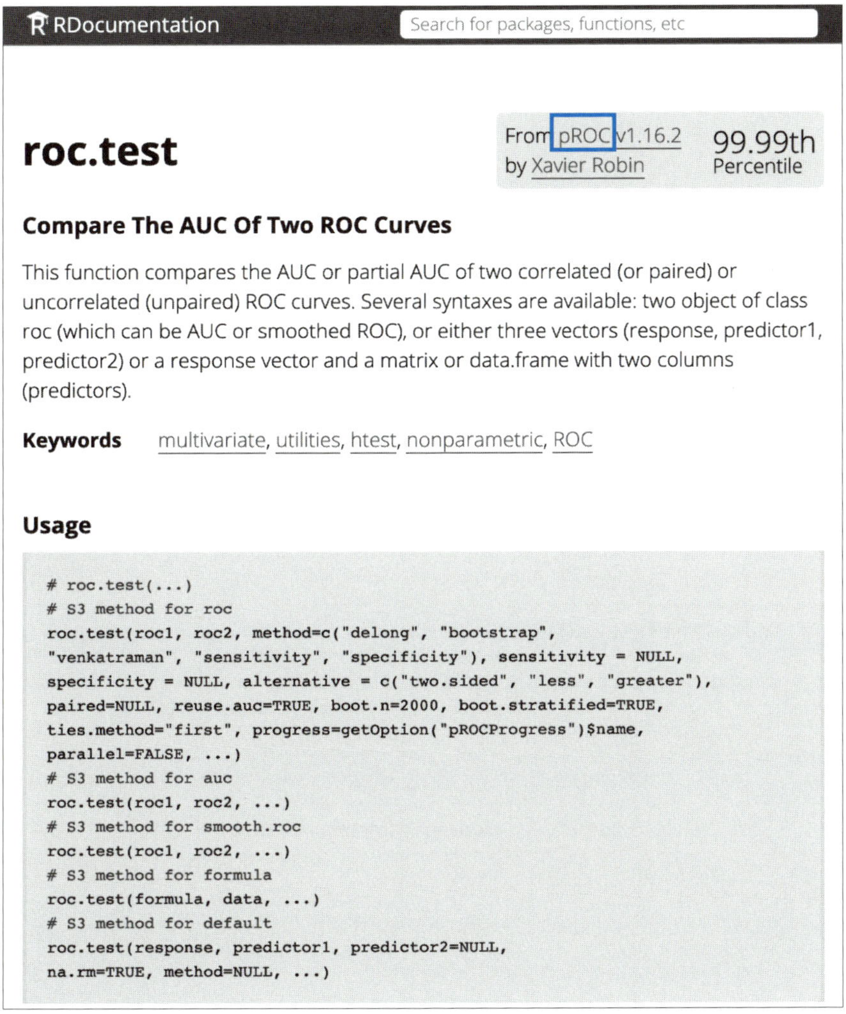
RDocumentation

Search for packages, functions, etc

roc.test

From pROC v1.16.2 by Xavier Robin

99.99th Percentile

Compare The AUC Of Two ROC Curves

This function compares the AUC or partial AUC of two correlated (or paired) or uncorrelated (unpaired) ROC curves. Several syntaxes are available: two object of class roc (which can be AUC or smoothed ROC), or either three vectors (response, predictor1, predictor2) or a response vector and a matrix or data.frame with two columns (predictors).

Keywords multivariate, utilities, htest, nonparametric, ROC

Usage

```
# roc.test(...)
# S3 method for roc
roc.test(roc1, roc2, method=c("delong", "bootstrap",
"venkatraman", "sensitivity", "specificity"), sensitivity = NULL,
specificity = NULL, alternative = c("two.sided", "less", "greater"),
paired=NULL, reuse.auc=TRUE, boot.n=2000, boot.stratified=TRUE,
ties.method="first", progress=getOption("pROCProgress")$name,
parallel=FALSE, ...)
# S3 method for auc
roc.test(roc1, roc2, ...)
# S3 method for smooth.roc
roc.test(roc1, roc2, ...)
# S3 method for formula
roc.test(formula, data, ...)
# S3 method for default
roc.test(response, predictor1, predictor2=NULL,
na.rm=TRUE, method=NULL, ...)
```

[그림 1-4] Rdocumentation.org 화면
(https://www.rdocumentation.org/packages/pROC/versions/1.16.2/topics/roc.test)

패키지를 설치하고 로드하는 방법은 다음과 같습니다.

- 패키지 설치: install.packages("패키지이름")
- 패키지 로드: library(패키지이름) 혹은 require(패키지이름)

이 책에서 사용하는 R 패키지 목록을 정리하면 다음 표와 같습니다.

[표 1-1] R 패키지 목록

패키지	설명	버전
base	The R Base Package	3.6.3
colorspace	A Toolbox for Manipulating and Assessing Colors and Palettes	1.4-1
data.table	Extension of 'data.frame'	1.12.8
datasets	The R Datasets Package	3.6.3
dplyr	A Grammar of Data Manipulation	1.0.0
ggplot2	Create Elegant Data Visualisations Using the Grammar of Graphics	3.3.2
ggpubr	'ggplot2' Based Publication Ready Plots	0.4.0
graphics	The R Graphics Package	3.6.3
grDevices	The R Graphics Devices and Support for Colours and Fonts	3.6.3
grid	The Grid Graphics Package	3.6.3
lubridate	Make Dealing with Dates a Little Easier	1.7.9
MASS	Support Functions and Datasets for Venables and Ripley's MASS	7.3-51.5
methods	Formal Methods and Classes	3.6.3
moonBook	Functions and Datasets for the Book by Keon-Woong Moon	0.2.3
multcomp	Simultaneous Inference in General Parametric Models	1.4-13
mvtnorm	Multivariate Normal and t Distributions	1.1-1
nparcomp	Multiple Comparisons and Simultaneous Confidence Intervals	3.0
pROC	Display and Analyze ROC Curves	1.16.2
readxl	Read Excel Files	1.3.1
stats	The R Stats Package	3.6.3
stringi	Character String Processing Facilities	1.4.6
stringr	Simple, Consistent Wrappers for Common String Operations	1.4.0
survival	Survival Analysis	3.2-3
survminer	Drawing Survival Curves using 'ggplot2'	0.4.7
TH.data	TH's Data Archive	1.0-10
utils	The R Utils Package	3.6.3
VIM	Visualization and Imputation of Missing Values	6.0.0
writexl	Export Data Frames to Excel 'xlsx' Format	1.3
xlsx	Read, Write, Format Excel 2007 and Excel 97/2000/XP/2003 Files	0.6.3

R을 실행하면 기본적으로 로딩되는 패키지가 있습니다. R은 또한 어떤 패키지를 설치하면 패키지에 필요한 다른 패키지를 알아서 추가로 설치해줍니다. [표 1-1]에서 색칠한 부분은 본서에 나와 있는 코드를 수행할 때 별도로 설치해야 하는 패키지입니다. 패키지를 한 번 설치해놓으면 이후에는 library() 혹은 require()를 사용하여 불러오기만 하면 됩니다. 즉 컴퓨터에 패키지를 설치하고 library()로 로딩하여 사용했으면, 다음번 작업할 때에는 설치할 필요 없이 library()로 다시 패키지를 로딩한 후 패키지 안에 있는 함수를 사용할 수 있습니다.

2 R 기본 활용법

2-1 R 데이터 구조 및 기초 문법

1) 객체지향언어 R

R은 '객체 지향 프로그래밍 언어'입니다. 다시 말해 객체라는 변수에 데이터를 담아서 연산을 할 수 있는 프로그래밍 언어라고 이해하시면 됩니다. 객체(변수)에 데이터를 담을 때는 '<-'나 '='를 사용합니다. 즉 '<-'나 '='는 객체에 데이터를 할당하는 작업이라고 할 수 있습니다. 예를 들어 a <- 5라는 코딩은 a라는 객체에 5라는 정수를 입력한다는 뜻입니다. 이처럼 객체에는 다양한 타입의 데이터(숫자, 문자, 리스트, 매트릭스, 데이터프레임 등)를 담을 수 있습니다.

참고 **= vs <-**

보통 값을 할당할 때 '='보다 '<-'를 더 선호합니다. '='는 다음에 나오는 '==', '!='과 같은 논리연산자와 같이 있으면 헷갈리고 가독성이 떨어져서 표현이 어색해질 수 있습니다. '='와 '<-'는 거의 똑같이 활용할 수 있습니다만, '='는 명령의 최상위 수준에서 사용할 수 있고 '<-'는 어느 곳에나 사용할 수 있는 미묘한 차이가 있습니다. 이러한 이유로 함수 내부 인자값을 할당할 때에는 '='를 주로 사용하게 됩니다. (아래 예제를 읽어보시고, 혹시 이해가 되지 않아도 R을 다루는 데 전혀 문제없습니다. 넘어가셔도 됩니다.)

```
ex) mean(c(1,2,3,NA,4), na.rm = TRUE)
# 1,2,3,NA,4의 평균을 구하는 코드입니다. na.rm = TRUE라는 옵션을 취하면 NA(결측치)를 빼고 평균을
  구합니다. 그러지 않으면, NA 때문에 연산이 되지 않습니다.
# 함수 내부 인자의 할당: na.rm <- TRUE가 아니라 na.rm = TRUE로 할당합니다.
# '='를 사용해야 어느 위치에 있어도 na.rm에 TRUE값이 제대로 할당됩니다.
# 이 책에서는 코딩 표기 시 함수는 파란색 글씨, 함수의 옵션은 굵은 글씨, 주석은 이탤릭체로 표기하였습니다.
```

2) 기본 사용법

(1) 코드의 실행

소스창에 실행하고 싶은 문장을 드래그한 다음 Control + Enter를 누르면 콘솔창에서 코드가 실행됩니다.

(2) 주석(#)

R studio의 소스창에서 코딩을 할 때 코딩에 대한 주석(설명)을 달아야 하는 경우가 있습니다. 이때는 #을 입력하고 그 오른편에 쓰고 싶은 설명을 입력합니다. 혹은 주석을 한 줄 작성한 다음에 Control + Shift + C를 누르면 맨 앞에 #가 생기면서 문장 전체가 주석이 됩니다.

```
test <- c(1:5) # test객체에 1부터 5까지 연속된 숫자를 입력함.
```

(3) 들여쓰기

길이가 긴 코드는 적당히 줄바꿈을 해서 입력할 수 있습니다. 이때 보통 가독성을 위해 두 칸 정도 들여쓰기를 합니다. 중간에 {}, () 등이 있는 경우 {, (다음에 줄바꾸기를 하고 위의 {, (까지 들여쓰기합니다.

```
result <- ifelse(test %in% 1, # test에 1이 포함되어 있는가
                 TRUE,         # 참이면 TRUE
                 FALSE)        # 거짓이면 FALSE
```

(4) 이어쓰기

짧은 코드들을 한 줄에 이어서 적고 싶다면 ;로 연결합니다.

```
test <- c(1:5); result <- ifelse(test %in% 1, TRUE, FALSE)
```

(5) 콘솔창 지우기

R을 사용하다 보면 콘솔창을 지우고 싶을 때가 있습니다. Control + L을 누르면 콘솔창이 삭제됩니다. 오른쪽 상단의 환경(Environment)창에 나와 있는 현재 메모리에 저장되어 있는 여러 가지 데이터세트나 객체들을 몽땅 지우고 싶을 때는 Import Dataset 옆에 있는 빗자루 모양의 을 누릅니다[그림 1-2]. 마찬가지로 오른쪽 하단의 플롯(plots)창에 출력된 그래픽들을 지울 때도 이 아이콘을 사용하면 됩니다. 혹은 dev.off()를 입력하면 삭제됩니다.

3) 벡터

R에서 가장 기본이 되는 데이터 구조는 벡터(vector)입니다. 벡터를 이루는 가장 작은 단위의 데이터(class of vector, atomic vector, 원소형 벡터)에는 6가지 종류가 있습니다. 그중 주로 쓰이는 것은 아래 4가지입니다.

- **숫자형(numeric)**: 정수형(integer), 실수형(double) 등으로 세분할 수 있습니다.
- **정수형(integer)**: 숫자로서 연산이 가능하고, factor형 데이터의 level에 적용되어 통계 연산에 사용됩니다. L은 정수형이라는 표시로서 1을 1L로 쓸 수도 있습니다.
- **문자형(character)**: " " 혹은 ' '로 둘러싸서 표현합니다.
- **논리형(logical)**: TRUE(혹은 T, 1)와 FALSE(혹은 F, 0) 2가지 값을 갖는 데이터입니다.

원소형 벡터 데이터들은 합쳐서(combine) 하나의 벡터에 담을 수 있습니다.

```
data <- c(1,3,5) # c() 함수의 c는 combine의 약자임
data
```

```
[1] 1 3 5
```

위의 data는 한 줄로 나열된 1차원의 데이터 구조입니다. 2차원 배열의 데이터 구조를 '매트릭스(matrix, 행렬)'라고 하고, 3차원 이상의 고차원 데이터 구조를 '어레이(array, 배열)'라고 합니다. '리스트(list)'는 다양한 종류의 데이터를 모두 포용할 수 있는 데이터 구조입니다. 1차원 구조를 가질 수도 있고 다차원 구조를 가질 수도 있는 굉장히 유연하고 유용한 데이터 구조입니다. '데이터프레임(dataframe)'은 2차원 배열의 데이터 구조로서 임상연구에서 가장 많이 사용합니다.

```
# numeric
data1 <- c(1, 9.9, 1L)
str(data1)                # str()는 데이터 구조를 출력
```

```
num [1:3] 1 9.9 1
```

```
# character("abd" 때문에 모두 문자형으로 할당)
data2 <- c(1L, 9.9, "abd")
str(data2)
```

```
chr [1:3] "1" "9.9" "abd"
```

```
# list()는 리스트 형식으로 할당
data3 <- list(1L, 9.9, "abd")
str(data3)                        # 각 원소 고유의 데이터 종류를 유지
```

```
List of 3
 $ : int 1
 $ : num 9.9
 $ : chr "abd"
```

[표 1-2] 많이 쓰는 연산자

기호	의미	기호	의미	기호	의미
+	더하기	-	빼기	*	곱하기
** 또는 ^	지수	/	나누기	x %% y	x를 y로 나눈 나머지
x %/% y	x를 y로 나눈 몫	x %in% y	x에 y 존재 여부		
〉	보다 큰	〉=	크거나 같은	〈	보다 작은
〈=	작거나 같은	==	같은	!=	같지 않은
!	아닌(Not)	&	AND(그리고)	|	OR(혹은)

R에서 산술 연산은 각 원소(element)와 대응하는 원소끼리 개별적으로 수행합니다. 초심자가 가장 많이 하는 실수 중의 하나가 '='과 '=='를 혼동하는 것입니다. '='는 앞서 설명한 대로 '<-'과 동일한 표현으로서 객체에 데이터를 할당할 때 사용하는 것이고, '=='는 논리연산자로서 equal의 의미입니다.

```
a = 5  # a에 5를 할당
a      # 5가 출력됨
```

```
[1] 5
```

```
4 == 4  # 4와 4가 동일한지 확인하여 TRUE를 반환
```

```
[1] TRUE
```

```
4 == 5  # 4와 5가 동일한지 확인하여 FALSE를 반환
```

```
[1] FALSE
```

(1)벡터의 연산

```
Weight <- c(60, 70, 80)        # 몸무게 데이터
Height <- c(1.5, 1.7, 1.8)     # 키 데이터
BMI <- Weight/(Height^2)       # 체질량지수(body mass index, BMI) 공식
BMI                            # BMI를 출력
```

```
[1] 26.66667 24.22145 24.69136
```

위 예제는 3개의 원소로 이루어진 2개의 벡터(Weight, Height)의 산술연산입니다. 연산의 결과를 BMI라는 벡터에 담아서 그 결과를 보면 3개의 원소로 이루어진 것을 알 수 있으며, 각 벡터의 같은 인덱스끼리 연산이 수행된 것을 확인할 수 있습니다. 즉 Weight[1]인 60과 Height[1]인 1.5가 대응되어 60/(1.5^2)의 연산 값 26.66667이 BMI[1]에 할당되었습니다.

R에서는 어떤 객체에 산술연산이나 어떠한 함수를 적용하여 출력하더라도 그 결과가 객체에 재할당되는 것이 아니기 때문에 따로 다시 할당해주어야 합니다. 아래의 경우처럼 Weight에 +2를 수행해서 출력을 했더라도 Weight를 출력하면 그대로입니다. <-를 사용하여 Weight를 다시 할당해주면 비로소 62, 72, 82로 데이터가 변경됩니다. 나중에 merge, cbind, rbind, subset, filter 등의 함수를 활용하여 데이터프레임을 합치거나 나누는 경우에도 마찬가지로 기존의 데이터프레임이나 새로운 데이터프레임에 재할당해주어야 합치거나 나눈 데이터프레임이 객체를 통해 유지됩니다.

```
Weight <- c(60, 70, 80)
Weight+2                    # Weight+2 결과를 출력
```

```
[1] 62 72 82
```

```
Weight                      # Weight 데이터는 그대로임
```

```
[1] 60 70 80
```

```
Weight <- Weight + 2        # Weight+2 결과를 Weight에 재할당
Weight                      # Weight 데이터가 변경됨
```

```
[1] 62 72 82
```

4) 데이터프레임

임상연구에서는 Excel을 연상하면 쉽게 이해되는 2차원 데이터 구조인 데이터프레임(dataframe)을 주로 사용합니다. 가장 큰 특징은 열(column)별로 다양한 종류의 데이터를 입력할 수 있다는 것입니다.

임상연구 데이터 Excel 자료를 생각해보면, 대개의 경우 열별로 같은 종류의 데이

터로 이루어져 있습니다. 이 책에서 제공하는 Raw Data Del.csv는 테이블 구조의 예시 임상데이터 파일입니다. 현재 작업하고 있는 디렉터리(working directory)로 이 CSV 파일을 옮겨서 R studio로 파일을 불러와서 dat1이라는 객체에 할당해서 살펴보겠습니다. 이 과정에 대한 보다 자세한 내용은 chapter 2의 2-1절에서 다시 설명할 예정이므로 지금은 데이터프레임에 대한 이론적인 내용 위주로 이해하고 넘어가도 좋습니다. dat1이라는 데이터프레임에 있는 Age라는 변수는 59, 66, 71과 같이 정수형(integer) 데이터로 이루어져 있습니다.

데이터프레임의 데이터는 앞서 설명한 데이터 종류뿐만 아니라 date, factor와 같은 다양한 데이터를 다룰 수 있습니다. date는 날짜형 데이터를 일컫습니다. factor형 데이터는 카테고리형 데이터로서 카테고리를 level로 관리합니다. 가령 Sex라는 변수가 M, F라는 2가지로 입력되어 있고, factor로 할당하게 되면 M, F 두 종류의 level을 가진 변수가 됩니다. level은 문자형 데이터로 관리하며 level을 할당할 때에는 알파벳 순으로 할당하는데, levels 옵션을 사용해서 순서를 변경할 수도 있습니다. 즉, 데이터프레임은 각 열별로 다양한 종류의 같은 길이(length)의 1차원 벡터들의 조합이라고 생각할 수 있습니다.

각 열(column)과 행(row)의 이름은 함수를 통해 변경할 수 있습니다.

- 열 이름 지정 함수: colnames()
- 행 이름 지정 함수: rownames()

특정 열을 지정하기 위해서는 변수명이나 변수의 인덱스(위치)를 사용합니다. 가령, dat1의 Age 변수의 컬럼(column)을 dat1$Age 혹은 dat1[["Age"]]로 지정할 수 있습니다. 변수 Age가 데이터프레임 내 5번째 열에 있는 것이라면 dat1[[5]]라고 표현할 수도 있습니다. 대괄호 [ ]는 데이터세트를 인덱싱(indexing, 위치를 표현)할 때 사용할 수 있습니다. 2차원 데이터세트에서 dataset[i,j]는 i번째 행, j번째 열의 데이터를 의미합니다. 데이터프레임에서 행은 벡터 구조로 인덱싱할 수 없습니다. 이러한 이유로 데이터프레임을 열에 대한 같은 길이의 1차원 벡터들의 조합이라고 하는 것입니다.

다음 예제를 보면 이러한 설명을 어느 정도 이해할 수 있을 것입니다. 데이터를 불러오는 방법은 나중에 설명하겠지만, 이번 장에서 먼저 불러와서 해보세요.

```
dat1 <- read.csv("Raw Data Del.csv", na.strings=c("#DIV/0!", ".", "#NULL!",
"ND", "NA", "", "-", " ", "N/A", "n/a", "UK"))
# Raw Data Del이라는 CSV 파일을 dat1 객체에 할당. na.strings는 괄호 안의 데이터를 NA로 처리하
  는 옵션임.

# 아래의 코드를 각각 실행해보세요
dat1[5]    # dat1의 5번째 열의 모든 데이터, data.frame
dat1[5,]   # dat1의 5번째 행의 모든 데이터, data.frame
dat1[,5]   # dat1의 5번째 열의 모든 데이터, integer 등 1차원 벡터
dat1[[5]] # dat1의 5번째 열의 모든 데이터, integer 등 1차원 벡터
```

(1) 인덱싱을 이용한 데이터프레임 조작 예시

아래 예제를 보면 filter(), select()와 같은 함수가 나옵니다. R을 이용한 데이터 분석에서 가장 강력한 툴 중에 하나가 filter(), select()와 같은 dplyr 패키지의 함수들입니다. 여기서는 이렇게 쓰는구나 정도만 파악하고 넘어가도 좋을 것 같습니다. dplyr 패키지에 대해서는 뒤에서 좀 더 자세히 설명하겠습니다.

```
# Hosp 변수가 "Hospital_A"인 행만 추출하여 new.data에 할당
# indexing 사용
new.data <- dat1[which(dat1$Hosp == "Hospital_A"), ]

# filter() 함수 사용
new.data <- filter(dat1, Hosp == "Hospital_A")

# subset() 함수 사용
new.data <- subset(dat1, Hosp == "Hospital_A")


# Hosp 변수가 "Hospital_A"인 데이터의 Age, Sex만 선택하여 new.data 객체에 할당
new.data <- dat1[which(dat1$Hosp == "Hospital_A"), c("Age","Sex")]
# 혹은
new.data <- subset(dat1, Hosp == "Hospital_A", select = c(Age,Sex))

## 아래 코드는 dplyr 패키지 설치 후 실행 (install.packages(), library() 이용)
new.data <- dat1 %>% select(Hosp, Age, Sex) %>% filter(Hosp == "Hospital_A")
```

앞서 데이터프레임은 리스트의 확장이라고 생각하면 된다고 했습니다. 인덱싱을 잘 활용하면 코드를 쉽게 짤 수 있습니다. [ ]와 [[ ]]가 많이 헷갈리기 때문에 다음 예제를 보면서 나름대로 개념을 잡아보면 좋겠습니다.

```
sex <- c("F","M","F") # character(벡터)
age <- c(23,34,45)    # numeric 혹은 integer(벡터)
htn <- c(1,0,1)       # numeric, integer 혹은 logical(벡터)

data4 <- list(sex,age,htn) # 2차원 구조의 리스트 생성
data4
```

```
[[1]]
[1] "F" "M" "F"

[[2]]
[1] 23 34 45

[[3]]
[1] 1 0 1
```

```
data4[[2]][1] # 2번째 열의 1번째 행 데이터 반환
```

```
[1] 23
```

```
data5 <- data.frame(sex,age,htn) # 데이터프레임 생성
data5
```

```
  sex age htn
1   F  23   1
2   M  34   0
3   F  45   1
```

```
data5[1,2]     # 1번째 행의 2번째 열 데이터 반환
```

```
[1] 23
```

```
data5[[2]][1] # 2번째 열의 1번째 행 데이터 반환
```

```
[1] 23
```

2-2 함수 및 패키지 활용

1) 많이 쓰는 함수들

(1) 기본 함수

다음 표는 R에서 많이 사용하는 기본적인 함수의 용법과 예문을 정리한 것입니다.

함수 용법	설명	예문 〉출력결과
공통 함수		
length(x)	객체(주로 벡터)의 길이	length(c(1,2,3)) 〉3
class(x)	객체의 데이터 타입	class(c("a", "b")) 〉character
is.na(x)	NA(결측치) 여부, logical, NA면 TRUE	is.na(dat1$Age)
rm(x)	객체 x 삭제	rm(dat1)
which(x)	x에 해당하는 인덱스를 할당	which(dat1$Sex == "F")
complete.cases(…)	벡터, 매트릭스, 데이터프레임에 대해 결측치 여부 판단(logical)	complete.cases(dat1$Age)
with(data, exp, …)	exp에 $를 생략하고 표현 가능, { } 가능	with(dat1, Weight/(Height^2))
seq(…, from =, to =, by =, length.out =)	규칙적인 수열 생성	seq(0:4, by = 2) 〉0 2 4
rep(x, …times =, each =)	x를 … 반복	rep(c(1,2), 3) 〉1 2 1 2 1 2
unlist(x)	리스트를 해체하여 벡터형으로 변환	unlist(list("a", c(1,2))) 〉"a" "1" "2"
order(x)	오름차순 정렬, decreasing=T(내림차순)	오름차순: order(dat1$Age) 내림차순: order(-dat1$Age), order(dat1$Age, decreasing =T)
sort(x)	정렬한 값의 index를 반환	sort(dat1$Age)

수치연산 함수		
min(…, na.rm = F)	최솟값	min(dat1$Age)
max(…, na.rm = F)	최댓값	max(dat1$Age)
mean(…, na.rm = F)	평균	mean(dat1$Age)
median(…, na.rm = F)	중위값	median(dat1$Age)
sd(…, na.rm = F)	표준편차	sd(dat1$Age)
range(…, na.rm = F)	범위	range(dat1$Age)
quantile(…, na.rm = F)	4분위수	quantile(dat1$Age)
quantile(…, prob =)	분위수(prob, 0~1 지정)	quantile(dat1$Age, prob = c(0.25,0.75)), quantile(dat1$Age, prob = 1:10/10)
문자열 함수		
nchar(x)	문자열 x의 길이	nchar("abc") 〉3
tolower(x)	소문자로 변환	tolower("AbC") 〉"abc"
toupper(x)	대문자로 변환	toupper("AbC") 〉"ABC"
substr(x, start, stop)	문자열 x의 start 인덱스부터 stop 인덱스까지 추출	substr("abcde",2,4) 〉"bcd"
str_trim(x, side = "both")	문자열 x 양쪽의 공백 문자 제거	str_trim(" a ", side = "both") 〉"a"
paste0(…)	문자열 … 공백 없이 이어 붙이기	paste0("a", "b") 〉"ab"
paste(…, sep = " ")	문자열 … 사이에 " "을 넣어 이어 붙이기	paste("a","b", sep = "&") 〉"a&B"

참고 na.rm 옵션

사칙연산 및 논리연산에서 NA(결측치)가 있으면 결과가 계산되지 않습니다. 이에 mean() 함수를 포함한 여러 함수가 na.rm 옵션을 제공하고 있습니다. na.rm 옵션은 NA를 제거(remove, rm)하고 연산할지에 대한 옵션으로서, 대개의 경우 na.rm = FALSE가 디폴트값으로 되어 있는데 이 경우에는 NA가 있으면 연산하지 않습니다.

na.rm = TRUE로 설정하면 NA 값들을 빼고 연산합니다. na.rm 옵션을 제공하지 않는 함수의 연산을 위해서는 NA가 들어 있는 row를 제거한 후에 수행해야 합니다.

(2) 데이터 타입 확인 및 변경 함수

다음 표는 객체의 타입을 확인하거나 변경하는 함수를 정리한 것입니다.

is. (객체 타입 확인)	as. (객체 타입 변경)
is.numeric	as.numeric
is.character	as.character
is.factor	as.factor
is.logical	as.logical
is.vector	as.vector
is.matrix	as.matrix
is.data.frame	as.data.frame

```
example <- c("1","2","3")
class(example)  # 데이터 타입 확인
```

```
[1] "character"
```

```
is.character(example) # character 타입인지 확인
```

```
[1] TRUE
```

```
example1 <- as.numeric(example)  # numeric 타입으로 변환
class(example1)
```

```
[1] "numeric"
```

(3) 데이터프레임에 많이 쓰는 함수

다음 표는 데이터프레임을 다룰 때 많이 사용하는 함수를 정리한 것입니다.

함수 용법	설명	예문
head(x, n=)	객체(object) x의 첫 n개 행 출력	head(dat1, n=10)
nrow(x)	벡터(vector), 어레이(array), 데이터프레임(dataframe) x의 행 개수 출력	nrow(dat1)
ncol(x)	벡터, 어레이, 데이터프레임 x의 열 개수 출력	ncol(dat1)
dim(x)	벡터, 어레이, 데이터프레임 x의 차원(행, 열의 개수) 출력	dim(dat1)
str(x)	객체 x의 구조 출력	str(dat1)
summary(x)	객체 x의 요약자료 출력	summary(dat1)
names(x)	객체 x의 컬럼 이름 출력	names(dat1)
na.omit(x)	데이터프레임 x에서 NA가 들어 있는 row 제거	na.omit(dat1)
arrange(x, variable…)	데이터프레임 x를 변수명을 기준으로 오름차순 혹은 내림차순으로 정렬	arrange(dat1, Dx, desc(Age))
rbind(df1,df2)	동일한 컬럼을 가지는 데이터프레임 df1과 df2를 합침	
cbind(df1,df2)	동일한 행수를 가지는 데이터프레임 df1과 df2를 합침	
merge(x,y, by="key", option)	key(기준 컬럼)의 동일한 값을 매칭하여 데이터프레임 x, y를 합친다. option이 없으면 x, y 기준 컬럼이 동일한 행만 합쳐지며, all=TRUE 옵션을 적용하면 x, y 모든 행이 합쳐진다. all.x=TRUE, all.y=TRUE를 적용하면 각각 x의 모든 행, y의 모든 행이 합쳐진다.	

2) 그 밖에 많이 사용하는 함수

기본 함수 외에 R에서 많이 쓰는 함수들의 형식과 사용 예를 정리해보았습니다.

(1) for문

```
for( i(반복변수) in 반복할 루프) {
  반복할 내용
}
```

```
temp <- c("a","b",NA, "","d")

# 반복 루프에 객체의 길이를 사용
# length()는 벡터의 길이를 반환하는 함수
for(i in 1:length(temp)){
 print(temp[i])
}
```

```
[1] "a"
[1] "b"
[1] NA
[1] ""
[1] "d"
```

```
# 반복변수로 객체의 요소를 사용
for(i in temp){
 print(i)
}
```

```
[1] "a"
[1] "b"
[1] NA
[1] ""
[1] "d"
```

(2) ifelse문

```
객체 <- ifelse(조건문, 참이면 실행, 거짓이면 실행)
```

```
## ifelse()은 중첩이 가능하다.
# 값이 "a"이면, "apple" 할당
# 값이 "b"이면, "bravo" 할당, 나머지 값들은 "others" 할당
temp1 <- ifelse(temp == "a", "apple",
                ifelse(temp == "b", "bravo", "others"))
temp1
```

```
[1] "apple"  "bravo" NA     "others" "others"
```

(3) function문

```
함수이름 <- function(x..) {
 기능
 return(결과)
}
```

```
# bmi 함수는 height, weight 2개의 인수를 받는다.
bmi <- function(height,weight){
        bmi = weight/height^2    # 인수를 연산하여 bmi에 할당
        return(bmi)              # bmi값을 출력(반환)
}
# height에 1.6, weight에 50을 입력하여 bmi를 연산하여 출력
bmi(1.6, 50)
```

```
[1] 19.53125
```

(4) apply 함수

```
apply(x, margin, function, …)
  X : array, matrix, dataframe
  margin : 1 - row 단위 연산, 2 - column 단위 연산
  function : 함수 ex) sum, mean
  … : 옵션  ex) na.rm = TRUE
```

apply() 함수는 모두 같은 타입의 변수로 이루어진 어레이, 매트릭스, 데이터프레임에서만 적용할 수 있습니다. 다른 타입의 변수가 있는 데이터프레임에서는 활용하기 어렵습니다. 연습을 위해 다음과 같이 age, sex, height, weight.6m, weight.12m, dm 이렇게 6개의 변수를 가진 데이터프레임을 만들어봅시다.

```
age <- c(34,56,67,34,67,87)
sex <- c("F", "M","F","F","M","M")
height <-c(1.6, 1.65, 1.5, 1.7, 1.8, 1.75)
weight.6m <- c(45,55,66,77,88,99)
weight.12m <- c(40,50,60,80,90,100)
dm <- c(1,0,0,1,1,1)

df <- data.frame(age,sex,height,weight.6m, weight.12m,dm)
df
```

```
  age sex height  weight.6m  weight.12m  dm
1 34   F     1.60        45          40   1
2 56   M     1.65        55          50   0
3 67   F     1.50        66          60   0
4 34   F     1.70        77          80   1
5 67   M     1.80        88          90   1
6 87   M     1.75        99         100   1
```

앞서 언급한 대로 apply() 함수는 같은 타입의 변수로 이루어진 경우에 활용 가능하기 때문에 수치형으로 된 weight(몸무게) 컬럼 2개(동일한 타입의 데이터)만 가지고 df.weight라는 데이터프레임을 만들었습니다.

그러면 apply()를 사용하여 6명 환자 각각의 평균 몸무게(행 단위 연산)를 구하는 코드는 아래와 같이 작성할 수 있습니다.

```
# weight에 대한 행 2개를 추출
df.weight <- df[, c("weight.6m", "weight.12m")]

# 행 단위 연산의 옵션: 1
df.weight.pt.mean <- apply(df.weight, 1, mean)
df.weight.pt.mean
```

```
[1] 42.5 52.5 63.0 78.5 89.0 99.5
```

6개월째 몸무게(weight.6m)의 평균과 12개월째 몸무게(weight.12m)의 평균을 구한다면 아래와 같이 작성할 수 있습니다(열 단위 연산).

```
# 열 단위 연산의 옵션: 2
df.weight.month.mean <- apply(df.weight, 2, mean)
df.weight.month.mean
```

```
weight.6m weight.12m
  71.66667   70.00000
```

```
lapply(x, function, …)
```

lapply() 함수는 결과를 리스트로 반환합니다. 데이터프레임이 리스트의 확장형이라고 생각하고 한 가지 변수에 동일한 함수를 적용할 때 사용합니다.

```
# height 변수에 1000을 곱하는 함수 적용
df$height.cm <- lapply(df$height, function(x){x*1000})
df$height.cm
```

```
[[1]]
[1] 1600

[[2]]
[1] 1650

[[3]]
[1] 1500

[[4]]
[1] 1700

[[5]]
[1] 1800

[[6]]
[1] 1750
```

```
sapply(x, function, ...)
```

sapply() 함수는 lapply() 함수와 기능은 동일하며, 다만 결과를 vector로 반환한다는 점이 다릅니다.

```
df$height.cm <- sapply(df$height, function(x){x*1000})
df$height.cm
```

```
[1] 1600 1650 1500 1700 1800 1750
```

```
tapply(x, index, function, ...)
```

tapply()는 index별로 그룹핑하여 fun에 입력한 연산을 수행합니다.

```
tapply(df$age, sex, mean)
```

```
 F  M
45 70
```

만약 연산하는 값에 NA가 있으면 연산을 하지 않고 NA를 출력합니다. 이를 방지하기 위해 na.rm = T 옵션을 사용합니다.

```
# 예를 위해 34값을 NA로 변환
df$age <- ifelse(df$age == 34, NA, df$age)
tapply(df$age, sex, mean)  # F그룹이 연산이 되지 않음
```

```
 F  M
NA 70
```

```
# na.rm 옵션을 사용하여 연산을 수행
tapply(df$age, sex, mean, na.rm = T)
```

```
 F  M
67 70
```

(5) aggregate 함수

tapply()처럼 그룹 연산을 할 때는 aggregate() 함수를 많이 사용합니다. 대표적으로 다음 2가지 형식이 많이 활용됩니다.

```
aggregate(x, by, function, …, simplify = TRUE, drop =TRUE)
: by 옵션에 입력한 변수를 기준으로 나머지 컬럼(변수)들에 대해 function 옵션에 입력한 연산을 시행
  x: 객체, 주로 데이터프레임 (하나 혹은 여러 개의 선별된 변수도 가능)
  by: 그룹핑하는 변수(카테고리형 변수), 조건을 추가할 수 있음
```

앞서 불러들였던 데이터프레임 dat1에서 분석을 위한 변수들(Sex, Age, TG, HDL)을 선별하여 새로운 데이터프레임 dat1.test1을 생성한 다음, 성별 및 나이 40세를 기준으로 나누어 각 그룹별 평균 나이, TG 및 HDL 수치를 구해보겠습니다.

```
# 분석할 변수 Sex, Age, TG, HDL 컬럼 선택
dat1.test1 <- dat1[, c("Sex", "Age", "TG", "HDL")]
aggregate(dat1.test1, by = list(dat1.test1$Sex, dat1.test1$Age > 40), mean,
na.rm = TRUE)
```

```
  Group.1 Group.2 Sex      Age       TG      HDL
1       F   FALSE  NA 36.76289 135.2907 45.52941
2       M   FALSE  NA 36.67206 139.6157 44.42056
3       F    TRUE  NA 64.62611 142.5126 43.60410
4       M    TRUE  NA 64.40744 143.5900 44.01022
```

결과를 보면 성별(Group.1), 나이 40세 이상 여부(Group.2)로 나누어 모든 변수들에 대해 평균값을 구했습니다. NA값이 있어도 빼고 연산하도록 na.rm = TRUE 설정을 추가했으며, 2개 이상의 그룹별 분석을 위해서 by 옵션에 리스트 형태로 조건을 추가했습니다.

분석할 변수 Age 1개만 표시하고 싶은 경우에는 x에 데이터프레임명 대신에 변수명을 입력합니다.

```
# 분석할 변수 1개를 표시하고 싶은 경우 (예, Age)
aggregate(dat1.test1$Age, by = list(dat1.test1$Sex, dat1.test1$Age > 40),
mean, na.rm = TRUE)
```

```
  Group.1 Group.2        x
1       F   FALSE 36.76289
2       M   FALSE 36.67206
3       F    TRUE 64.62611
4       M    TRUE 64.40744
```

변수의 연산값에 함수를 적용할 수도 있습니다.

```
# 변수의 연산값에 함수를 적용하고 싶은 경우 (예, TG/HDL)
aggregate(dat1.test1$TG/dat1.test1$HDL, by = list(dat1.test1$Sex, dat1.
test1$Age > 40), mean, na.rm = TRUE)
```

```
  Group.1 Group.2        x
1       F   FALSE 3.191604
2       M   FALSE 3.505516
3       F    TRUE 3.662327
4       M    TRUE 3.669987
```

분석할 변수(Age, TG, HDL)를 여러 개 선택하여 적용할 수도 있습니다.

```
# 연산하는 변수 Age, TG, HDL을 선택하여 적용하고 싶은 경우
aggregate(dat1.test1[, c("Age","TG","HDL")], by = list(dat1.test1$Sex, dat1.
test1$Age > 40), mean, na.rm = TRUE)
```

```
  Group.1 Group.2      Age       TG      HDL
1       F   FALSE 36.76289 135.2907 45.52941
2       M   FALSE 36.67206 139.6157 44.42056
3       F    TRUE 64.62611 142.5126 43.60410
4       M    TRUE 64.40744 143.5900 44.01022
```

같은 분석을 formula를 사용하여 코딩할 수 있습니다.

```
aggregate(formula, data, function, …, subset, na.action = na.omit)
formula : (형식) y ~ x
   y : 분석할 함수를 적용하는 변수 (수치형 변수)
   x : 기준이 되는 그룹핑할 변수 (카테고리형 변수)
```

```
aggregate(cbind(Age, TG, HDL) ~ Sex + (Age > 40), data = dat1.test1, mean)
```

```
  Sex Age > 40      Age       TG      HDL
1   F    FALSE 36.80000 134.7294 45.52941
2   M    FALSE 36.73832 139.2056 44.42056
3   F     TRUE 64.56483 142.5349 43.61185
4   M     TRUE 64.40922 143.4550 44.02569
```

formula의 y에 해당하는 변수들은 cbind()로 묶어주고, x에 해당하는 변수들은 +로 묶어준 것을 확인할 수 있습니다. formula식은 기본적으로 NA값이 있어도 연산을 수행하며, 위와 마찬가지로 새로운 연산을 y에 추가할 수도 있습니다. 가령 TG를 HDL로 나눈 값(TH.ratio)의 평균을 구하는 연산을 추가해본다면 아래처럼 할 수 있습니다.

```
aggregate(cbind(Age, TG, HDL, TH.ratio = TG/HDL) ~ Sex + (Age > 40), data =
dat1.test1, mean)
```

```
  Sex Age > 40      Age       TG      HDL TH.ratio
1   F    FALSE 36.80000 134.7294 45.52941 3.191604
2   M    FALSE 36.73832 139.2056 44.42056 3.505516
3   F     TRUE 64.56483 142.5349 43.61185 3.662327
4   M     TRUE 64.40922 143.4550 44.02569 3.669987
```

3) dplyr 패키지

dplyr 패키지는 데이터프레임을 처리하는 유용한 함수들로 구성되어 있기 때문에 알아두면 좋습니다.

```
select(dataframe, …)
```
: 원하는 열 선택

```
# dplyr 패키지를 로딩합니다. 만약 한 번도 인스톨한 적 없다면 install.packages()를 사용해서 인스톨한 다음 require() 혹은 library()를 사용하여 패키지를 로딩합니다.
require(dplyr)

# Hosp, Dx, Age, Sex, Smoking, TG, HDL 변수(열) 선택
dat1.test1 <- select(dat1, Hosp, Dx, Age, Sex, Smoking, TG, HDL)
dim(dat1.test1); head(dat1.test1)
```

```
[1] 18019    7
        Hosp Dx Age Sex Smoking  TG HDL
1       <NA>  4  59   M       2 277  39
2       <NA>  5  66   M       0  NA  NA
3 Hospital_A  2  67   M       1 109  40
4 Hospital_A  4  57   F       1  65  47
5 Hospital_A  3  65   M       0 139  46
6 Hospital_A  1  52   M       2 107  57
```

```
# Hosp, Dx ~ Smoking, TG, HDL 변수(열) 선택 (:(sequence) 사용)
dat1.test1 <- select(dat1, Hosp, Dx:Smoking, TG, HDL)
```

```
filter(dataframe, …)
```
: 원하는 조건의 행을 선택

```
# 나이 30세 이상, 남자, 안정형협심증(Dx == 1)인 케이스(행) 선택
dat1.test2 <- filter(dat1.test1, Age > 30, Sex == "M", Dx == 1)
head(dat1.test2)
```

```
         Hosp Dx Age Sex Smoking  TG HDL
1  Hospital_A  1  52   M       2 107  57
2  Hospital_A  1  69   M       1 171  37
3  Hospital_A  1  56   M       2  51  41
4 Hospital_AA  1  61   M       0  83  91
5 Hospital_AA  1  64   M       1 111  32
6 Hospital_AA  1  72   M       0  97  66
```

```
arrange(dataframe, …)
```
: 선택한 변수의 데이터 순서대로 정렬

```
# Age - 내림차순, Sex,TG - 오름차순(알파벳순)으로 정렬
dat1.test3 <- arrange(dat1.test1, desc(Age), Sex, TG)
head(dat1.test3)
```

```
        Hosp   Dx Age Sex Smoking  TG HDL
1 Hospital_J <NA>  96   M       1 167  29
2 Hospital_B    4  95   F       0  85  36
3 Hospital_B    3  94   F       1  95  42
4 Hospital_O    4  94   F       0 134  42
5 Hospital_K    1  94   M       1  58  36
6 Hospital_S    1  94   M       0 107  46
```

가장 먼저 나이를 desc()를 사용하여 오름차순이 아니라 내림차순으로 정렬했습니다(96, 95, 94…). 그리고 같은 나이 그룹에서 성별을 알파벳순으로 정렬하고[94세 그룹에서 여성(F) 2명 다음에 남성(M) 순으로 정렬], 같은 나이, 같은 성별 그룹에서 TG를 오름차순으로 정렬했습니다(94세 여성 그룹에서 TG가 낮은 순서대로 정렬).

```
mutate(dataframe, …)
: 새로운 변수를 생성
```

```
# TG를 HDL로 나눈 새로운 TG.HDL.ratio 변수를 생성
# mutate() 함수의 결과를 할당하는 객체는 데이터프레임(dat1.test4)임
dat1.test4 <- mutate(dat1.test1, TG.HDL.ratio = TG/HDL)
head(dat1.test4)
```

```
        Hosp Dx Age Sex Smoking  TG HDL TG.HDL.ratio
1       <NA>  4  59   M       2 277  39     7.102564
2       <NA>  5  66   M       0  NA  NA           NA
3 Hospital_A  2  67   M       1 109  40     2.725000
4 Hospital_A  4  57   F       1  65  47     1.382979
5 Hospital_A  3  65   M       0 139  46     3.021739
6 Hospital_A  1  52   M       2 107  57     1.877193
```

TG를 HDL로 나눈 TG.HDL.ratio라는 새로운 변수를 생성하였습니다.

```
group_by(dataframe, …)
: 데이터프레임을 그룹핑

summarise(dataframe, …)
: group_by()로 설정된 그룹별 연산
```

summarise() 함수는 원하는 기초 통계를 데이터프레임으로 출력합니다. group_by() 함수는 데이터를 실제로 변환하는 것은 아니고 summarise() 함수와 연계하여 활용함으로써 그룹별 연산을 가능하게 해줍니다.

```
# Sex, Smoking에 대해 그룹핑
g.Sex.Smoke <- group_by(dat1.test4, Sex, Smoking)

# 해당 그룹에 대해 케이스 건수, 평균나이, 평균 TG/HDL ratio를 구한다.
result <- summarise(g.Sex.Smoke, CaseN = n(), Age.mean = mean(Age, na.rm=T),
TH.ratio.mean = mean(TG.HDL.ratio, na.rm=T))

result
```

```
# A tibble: 11 x 5
# Groups:  Sex [3]
    Sex Smoking CaseN Age.mean TH.ratio.mean
  <fct>   <fct> <int>    <dbl>         <dbl>
1     F       0  3383     64.2          3.57
2     F       1  1472     64.0          3.90
3     F       2   894     64.2          3.55
4     F Unknown     1       70           NaN
5     F    <NA>     1       53          3.93
6     M       0  7007     63.6          3.71
7     M       1  3208     64.0          3.64
8     M       2  2048     64.4          3.55
9     M Unknown     1       49           3.5
10    M    <NA>     3       58          2.35
11 <NA>       0     1       81          2.71
```

%>%

: Chain operator

최초의 기준이 되는 데이터프레임으로부터 형성된 가상의 데이터프레임을 뒤에 나오는 함수에 전달

앞서 시행한 여러 조작들을 %>%(chain operator)를 이용하여 임시로 데이터프레임을 만들거나, 여러 인수들을 반복해서 코딩하지 않고 한 번에 수행할 수 있습니다. 가령 앞에서 했던 ① 30세 이상의 남자 안정형협심증 환자들을 추출하고, ② TG/HDL ratio를 계산한 후, ③ 흡연에 대해 그룹핑하여 그룹별 평균 나이 및 평균 TG/HDL ratio를 %>%를 이용해서 한 번에 수행할 수 있습니다.

```
# %>%를 사용하지 않을 경우
dat1.test2 <- filter(dat1.test1, Age > 30, Sex == "M", Dx == 1)
dat1.test3 <- mutate(dat1.test2, TG.HDL.ratio = TG/HDL)
dat1.test4 <- group_by(dat1.test3, Smoking)
result <- summarise(dat1.test4, CaseN = n(), Age.mean = mean(Age, na.rm=T),
TH.ratio.mean = mean(TG.HDL.ratio, na.rm=T))
```

%>%를 사용하지 않을 경우에는 분석을 수행할 때 첫 원본 데이터프레임(dat1.test1)으로부터 데이터프레임(dat1.test2, dat1.test3, dat1.test4) 3개를 추가로 생성해야 합니다.

%>%는 앞의 데이터프레임을 뒤에 오는 함수의 입력값으로 사용할 수 있게 해줍니다. 따라서 %>%를 사용하면 최종 결과를 얻을 때까지 임시 데이터프레임을 생성하지 않고 코딩할 수 있습니다.

```
# %>%를 사용한 경우
dat1.test1 %>%
 filter(Age > 30, Sex == "M", Dx == 1) %>%
 mutate(TG.HDL.ratio = TG/HDL) %>%
 group_by(Smoking) %>%
 summarise(CaseN = n(), Age.mean = mean(Age, na.rm=T), TH.ratio.mean =
mean(TG.HDL.ratio, na.rm=T))
```

```
# A tibble: 3 x 4
  Smoking  CaseN  Age.mean  TH.ratio.mean
    <fct>  <int>     <dbl>          <dbl>
1       0   2761      63.6           3.66
2       1   1116      63.7           3.61
3       2    801      64.2           3.57
```

chapter 2

데이터 전처리

1 프로젝트의 시작
2 데이터 정리하기
3 탐색적 데이터 분석
4 데이터 분할 및 관리

1 프로젝트의 시작

이 책에서 다룰 임상연구 프로젝트는 'CYP2C19 유전자가 심혈관질환 환자의 예후에 미치는 영향'에 대한 연구로서, 여러 기관에서 레지스트리로 모아두었던 데이터를 통합하여 분석하는 것입니다.

연구의 배경에 대해 간단하게 설명드리겠습니다. 약을 복용하면 몸 안에서 대사된 다음 체외로 배출됩니다. 약물의 대사작용은 거의 모든 장기에서 일어날 수 있으나 주요한 약물대사효소가 주로 간에서 만들어지고 많이 존재하기 때문에 간이 약물의 대사에 매우 중요한 장기라고 할 수 있습니다. 간에서 만들어지는 약물대사효소 중에서 Cytochrome(CYP) P450은 대표적인 대사효소군입니다. 50가지가 넘는 매우 다양한 동종효소(isoform)가 알려져 있으며, 그중에서 CYP2C19는 대표적인 CYP isoform으로서 항혈소판제 등 다양한 약물의 대사과정에 영향을 끼치는 것으로 알려져 있습니다.

관상동맥(심장에 혈액을 공급하는 혈관)에 스텐트(stent) 삽입술을 시행받은 환자들은 혈액 내 혈소판 응집을 예방하기 위해 클로피도그렐(clopidogrel)이라는 혈소판 기능을 억제하는 항혈소판제를 일정 기간(대개 6개월에서 1년) 이상 복용하게 됩니다. 그런데 클로피도그렐이라는 항혈소판제는 CYP2C19 효소에 영향을 많이 받는 것으로 알려져 있습니다. 2009년에 저명한 의학 잡지인 〈뉴잉글랜드 저널 오브 메디슨(New England Journal of Medicine)〉과 〈란셋(Lancet)〉에 CYP2C19의 유전자형이 클로피도그렐의 대사에 영향을 미쳐 환자의 예후에 영향을 끼칠 수 있다는 연구가 발표되었습니다. 이론적으로 CYP2C19의 유전자형에 의해 체내 클로피도그렐 대사가 영향을 받아서 결국 혈소판 기능이 충분히 억제되지 못하고 혈액 내 혈소판 응집이 과도하게 발생하여 심장의 관상동맥이 막히는 심근경색이나 스텐트혈전증의 위험성이 증가할 수 있는 것입니다.

이후에 클로피도그렐 대사와 관련하여 CYP2C19 이외에도 다양한 유전자가 환자의 예후에 미치는 영향에 대한 연구가 많이 이루어졌습니다. 하지만 이러한 유전자형에 대한 연구는 많은 환자의 데이터가 필요하며, 단일 기관 혹은 소수 몇몇 기관의 환자들만을 모아서 분석할 경우에는 데이터가 부족하여 다양한 측면을 충분히 고려한 종합적인 결론을 도출하기 어렵습니다. 이러한 이유로 여러 기관의 데이터를 모아서 분석하는 것은 여러 데이터들의 차이점을 이해하고, 향후 보다 유의미한 결론을 도출하기 위한 전향적 연구를 디자인하는 데 활용할 수 있는 기반 자료로서 의미 있는 작업이라고 할 수 있습니다.

연구자들이 모여 이 프로젝트를 계획한 후 본격적인 연구를 수행하기 위해 가장 먼저 해야 하는 일은 연구계획에 대해 기관윤리심의위원회(Institutional Review Board, IRB)의 승인을 얻는 일입니다. 승인을 위한 자료는 여러 가지가 있는데, 이 책에서 다루는 프로젝트와 같은 후향적 연구를 위해 준비해야 하는 자료 중에서 중요한 것은 연구계획서와 증례기록서입니다. 연구계획서와 증례기록서는 최대한 구체적으로 작성해야 합니다.

증례기록서는 실제 데이터가 입력되는 형태 및 방식에 대한 문서로서 데이터 분석의 관점에서 매우 중요합니다. 실제 연구 과정에서 데이터는 증례기록서의 형태로 수집되고 관리됩니다. 때문에 만약 데이터가 증례기록서에서 제시된 규칙에 따라 입력되지 않고 서로 다른 방식과 형태로 입력된다면, 나중에 데이터를 합칠 때 많은 정제 작업이 필요하게 됩니다. 또 연구자에게 데이터 검토 요청을 수없이 다시 하게 될 수도 있습니다. 이러한 과정은 연구자들이 별로 좋아하는 과정이 아니기 때문에 요청자도 요청을 받는 사람도 스트레스를 많이 받습니다. 반복적이며, 많은 시간이 소요되기 때문에 매우 비생산적인 일이라고 할 수 있지요.

연구를 진행할 때는 일단 데이터를 받고 나중에 정리하겠다는 생각을 할 수도 있겠지만, 아무리 데이터를 잘 정리하더라도 데이터 정리는 전처리 과정일 뿐입니다. 따라서 목적을 가지고 그 목적에 맞게 구체적이고 일관된 방식으로 데이터를 정제하는 작업은 데이터를 수집하는 단계에서부터 관리되어야 합니다. 어떻게 보면 데이터의 정제 작업이라는 것은 연구의 사상이 들어 있는 것으로서 단순한 전처리 및 데이터 정리와는 엄연히 다른 차원의 문제라고 생각할 수도 있습니다. 그렇기 때문에 데이터를 입력한 연구자에게 데이터를 정리하는 과정에서 어쩔 수 없이 입력된 데이터에 대한 확인 작업을 요청할 수밖에 없는 것입니다.

다시 한 번 강조하지만, 연구의 초기부터 증례기록서에 데이터 입력 내용과 형식을 최대한 구체적으로 정의하고, 연구를 수행하면서 데이터가 실제로 제대로 입력되었는지 검증하는 작업은 데이터 정제보다 훨씬 중요하다고 할 수 있습니다.

이 책에서 활용할 데이터는 실제 데이터를 변환하고 뒤섞어서 만든 데이터입니다. 따라서 본 데이터를 통해 분석한 내용이 실제로 임상적인 의미가 있는 것은 절대로 아닙니다. 비록 예제 데이터이긴 하지만, 본래 취지인 임상연구를 위한 데이터 전처리 방법을 연습하는 데에는 충분할 것이라고 생각합니다.

2 데이터 정리하기

우여곡절 끝에 데이터(파일)를 받았다면, 가장 먼저 해야 할 일은 데이터를 정해준 서식에 맞게 입력하였는지를 검토하는 것입니다. 이제부터 R을 이용하여 데이터를 정리할 것입니다. 수작업(Excel에서 직접 데이터를 수정하는 작업)으로 데이터를 수정하지는 않을 것입니다. 데이터를 처음 받아서 최종적으로 분석할 데이터세트로 만들 때까지 수없이 많은 데이터 수정 작업이 필요하며 다른 연구자와 데이터를 주고받게 됩니다. 수작업으로 데이터를 직접 수정한다면 일일이 기록해놓기도 어려울 뿐만 아니라 자칫 데이터를 잘못 수정할 수도 있습니다. 또 어떤 처리(단계)에서 잘못된 것인지 파악하기도 어렵습니다. 코딩을 통해 데이터를 정제하는 것은 처음에는 익숙치 않아서 번거로울 수 있지만, 언제든지 이전의 데이터 정제 과정을 다시 확인하여 원하는 단계로 돌아가서 작업할 수 있기 때문에 궁극적으로 데이터를 검증하고 재현할 수 있습니다.

2-1 데이터 관리 및 불러오기

R에서 작업디렉터리란 데이터를 불러오거나 저장하는 폴더를 의미합니다. 작업디렉터리가 아닌 폴더에서 데이터를 불러오거나 저장하는 것도 가능하긴 하지만, 작업디렉터리에서 작업을 하는 것이 편리합니다. 먼저 바탕화면에 Clinical Data Handling이라는 폴더를 새로 만드십시오.

① R studio를 실행하고 [File] → [New File] → [R script]를 엽니다.

② 작업디렉터리(Working directory)를 확인하고 Clinical Data Handling 폴더로 지정합니다.

```
# 현재 R 프로그램의 작업디렉터리(Working directory) 확인
getwd()
```

```
[1] "/Users/juhyeongjun/Desktop/Clinical Data Handling"
```

```
# 작업디렉터리를 바탕화면의 Clinical Data Handling 폴더로 지정
setwd("/Users/juhyeongjun/Desktop/Clinical Data Handling")
```

참고

원하는 위치에 폴더를 만든 다음, 경로를 따오기 위해 폴더에 마우스를 놓고 우클릭을 합니다. 맥(Mac)의 경우에는 [Get Info]로 들어가서 [General] 메뉴 아래쪽의 [Where]에 나와 있는 위치를 복사한 후 붙여넣기 하고, 윈도우(Windows)의 경우에는 [속성]으로 들어가서 [위치]에 나와 있는 위치를 복사한 후 붙여넣기합니다.

Clinical Data Handling 폴더의 위치가 Desktop에 있다면, 경로는 아마 다음과 비슷할 것입니다.
(Mac) "/Users/juhyeongjun/Desktop/Clinical Data Handling"
(Windows) "C:/Users/Admin/Desktop/Clinical Data Handling"

③ 작업디렉터리(Clinical Data Handling 폴더)로 필요한 데이터 파일을 옮깁니다.
(※ 이 책에서 제공하는 데이터 파일: Raw Data.xlsx, Raw Data Del.xlsx, Raw Data Del.csv, Date_example2.csv)

④ 데이터 파일을 불러옵니다.
임상연구에서 주로 사용하는 데이터 파일 형태는 Excel입니다. Excel은 메모도 가능하고 다른 여러 가지 편리한 부가기능이 있어서 데이터를 수작업으로 정리할 때 유용합니다. [그림 2-1]과 같이 데이터시트의 맨 위의 행들에 변수에 대한 코드, 이름, 설명을 적어놓고 데이터를 입력할 때 참고로 사용합니다. 하지만 데이터를 불러들일 때에는 맨 위의 행(변수 코드에 대한 행)만 남겨놓고, 두 번째 행과 세 번째 행(변수이름 및 설명에 대한 행)은 삭제한 후에 불러오는 것이 편리합니다. 그렇게 하지 않으면 숫자형 자료를 문자형이나 다른 자료형으로 불러오게 됩니다.

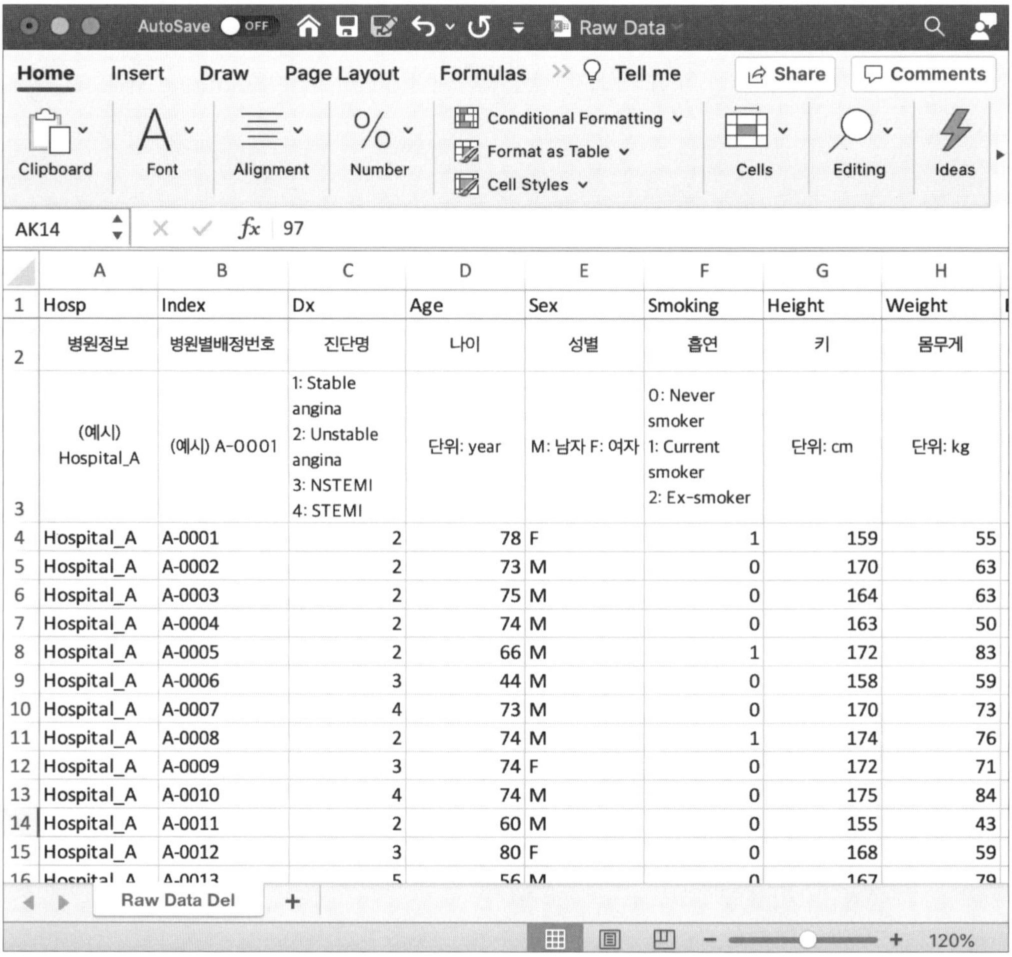

	Hosp	Index	Dx	Age	Sex	Smoking	Height	Weight
2	병원정보	병원별배정번호	진단명	나이	성별	흡연	키	몸무게
3	(예시) Hospital_A	(예시) A-0001	1: Stable angina 2: Unstable angina 3: NSTEMI 4: STEMI	단위: year	M: 남자 F: 여자	0: Never smoker 1: Current smoker 2: Ex-smoker	단위: cm	단위: kg
4	Hospital_A	A-0001	2	78	F	1	159	55
5	Hospital_A	A-0002	2	73	M	0	170	63
6	Hospital_A	A-0003	2	75	M	0	164	63
7	Hospital_A	A-0004	2	74	M	0	163	50
8	Hospital_A	A-0005	2	66	M	1	172	83
9	Hospital_A	A-0006	3	44	M	0	158	59
10	Hospital_A	A-0007	4	73	M	0	170	73
11	Hospital_A	A-0008	2	74	M	1	174	76
12	Hospital_A	A-0009	3	74	F	0	172	71
13	Hospital_A	A-0010	4	74	M	0	175	84
14	Hospital_A	A-0011	2	60	M	0	155	43
15	Hospital_A	A-0012	3	80	F	0	168	59

[그림 2-1] 임상연구 Excel 데이터 파일 예시

1) Excel 파일을 불러오는 방법

Excel 파일을 불러올 때는 [File] → [Import Dataset] → [From Excel...]을 통해 불러올 수도 있고, 직접 코딩을 통해 불러올 수도 있습니다. 직접 코딩해서 Excel 파일을 불러온다면 별도의 Excel 파일을 불러오는 패키지를 인스톨해야 합니다. 몇 가지 패키지들이 있는데, 패키지를 인스톨하는 과정에서 오류가 종종 발생할 수 있습니다. JAVA 관련 패키지가 별도로 필요하거나 JRE 설치디렉터리를 별도로 지정해줘야 하는 등 처음 R을 하는 경우 이 과정에서 짜증 나고 힘이 빠질 수 있습니다. 저는 이러한 이유로 [File] → [Import Dataset] → [From Excel...]을 통해 readxl 패키지를 사용하여 Excel 파일을 불러오거나, Excel에서 파일 형식을 CSV 형식으로 새로 저장하여 CSV 파일을 불러오는 방법을 주로 사용합니다.

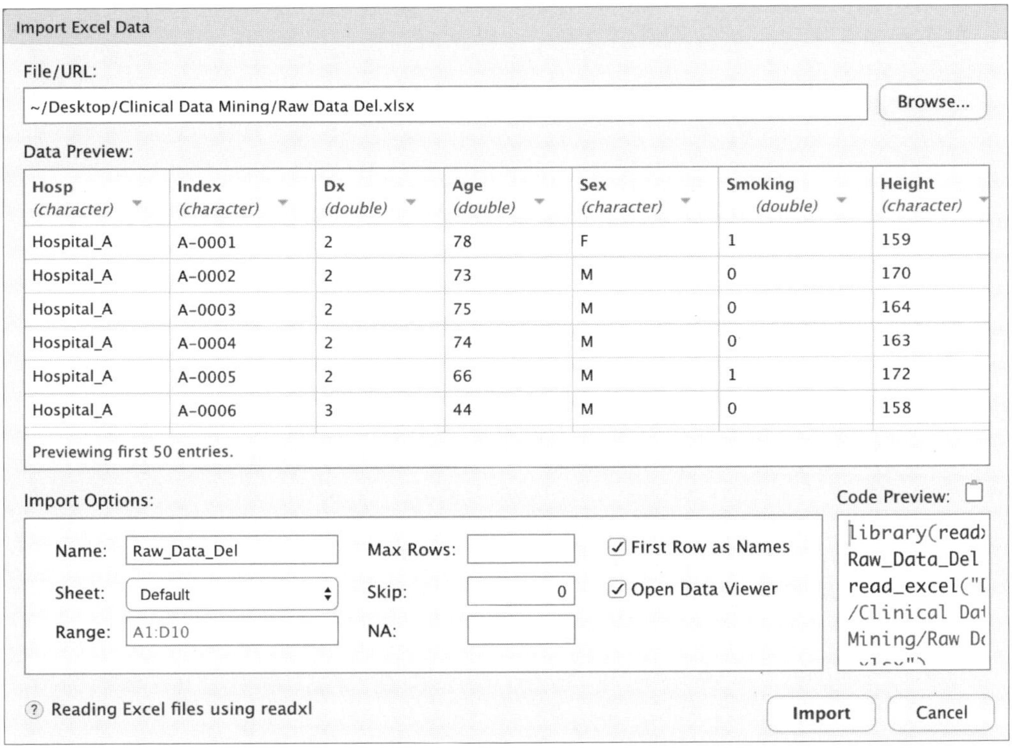

[그림 2-2] [File] → [Import Dataset] → [From Excel...]에 있는 [Import Excel Data]창 화면

Browser에 불러오고자 하는 파일의 경로를 찾아주고 Import 버튼을 클릭하면 됩니다[그림 2-2]. Import Options의 Name칸에 R에서 사용할 데이터프레임의 이름을 기입하고, First Row as Names에 체크합니다. Data Preview 컬럼 밑에 괄호를 클릭해서 컬럼에 해당하는 자료형을 정할 수 있으며, Code Preview에서는 데이터를 불러오는 해당 작업에 대한 코딩을 확인할 수 있습니다.

2) CSV 파일을 불러오는 방법

CSV 파일을 불러올 때는 Excel 파일과 마찬가지로 [File] → [Import Dataset] → [From Text]를 통해 불러올 수 있고, 직접 코딩해서 불러올 수도 있습니다.

(1) 참고용 설명이 있는 행을 삭제하지 않고 Excel 파일 불러온 경우 vs 참고용 설명이 있는 행을 삭제하고 Excel 파일 불러온 경우 비교

```
library(readxl) # readxl 패키지가 없으면 install.package()로 먼저 인스톨해야 함
dat.excel <- read_xlsx("Raw Data.xlsx", col_names = TRUE)
dat.excel.del <- read_xlsx("Raw Data Del.xlsx", col_names = TRUE)
```

dat.excel은 참고용 설명이 있는 행을 삭제하지 않은 Excel 파일을 할당한 데이터프레임이고, dat.excel.del은 참고용 설명이 있는 행을 삭제한 Excel 파일을 할당한 데이터프레임입니다.

```
dat.excel          12314 obs. of 134 variables
  Hosp : chr [1:12314] "병원정보" "(예시)Hospital_A" "Hospital_A" "Hospital_A" ...
  Index : chr [1:12314] "각 병원별배정번호" "(예시) A-0001" "A-0001" "A-0002" ...
  Dx : chr [1:12314] "진단명" "1: Stable angina\r\n2: Unstable angina\r\n3: NSTEMI...
  Age : chr [1:12314] "나이" "단위: year" "78" "73" ...
  Sex : chr [1:12314] "성별" "M: 남자 F: 여자" "F" "M" ...
  Smoking : chr [1:12314] "흡연" "0: Never smoker\r\n1: Current smoker\r\n2:Ex-sm...
  Height : chr [1:12314] "키" "단위: cm" "159" "170" ...
  Weight : chr [1:12314] "몸무게" "단위: kg" "55" "63" ...
  BMI : chr [1:12314] "body mass index" NA "22" "21" ...
  HTN : chr [1:12314] "고혈압" "0: no\r\n1: yes" "1" "0" ...
  DM : chr [1:12314] "당뇨" "0: no\r\n1: yes" "1" "0" ...
  Dyslipid : chr [1:12314] "고지혈증" "0: no\r\n1:yes(약물복용중이거나 과거 진단받은경우 1표...
  FH_CAD : chr [1:12314] "관상동맥질환 가족력" "0: no\r\n1: yes" "0" "0" ...
  PRE_MI : chr [1:12314] "심근경색 과거력" "0: no\r\n1: yes" "0" "1" ...
  PRE_PCI : chr [1:12314] "PCI 과거력" "0: no\r\n1:yes" "0" "0" ...
  PRE_CABG : chr [1:12314] "CABG 과거력" "0: no\r\n1: yes" "0" "0" ...
  PRE_CVA : chr [1:12314] "뇌졸중 과거력" "0: no\r\n1: yes" "0" "0" ...
  CHF : chr [1:12314] "심부전" "0: no\r\n1: yes" "0" "0" ...
  CRF : chr [1:12314] "만성심부전(투석)" "0: no\r\n1: yes" "0" "0" ...
  PAOD : chr [1:12314] "말초혈관질환" "0: no\r\n1: yes" NA NA ...
  CYP2C19 : chr [1:12314] "CYP2C19 유전자변이" "*1/*1\r\n*1/*17\r\n*17/*17\r\n*1/*2...
  VERI_P_STATUS : chr [1:12314] "P2Y12억제제기간 (Verify0w검사시 투약하고 있던 P2Y12억제제...
```

```
dat.excel.del        12312 obs. of 134 variables
  Hosp : chr [1:12312] "Hospital_A" "Hospital_A" "Hospital_A" "Hospital_A" ...
  Index : chr [1:12312] "A-0001" "A-0002" "A-0003" "A-0004" ...
  Dx : num [1:12312] 2 2 2 2 2 3 4 2 3 4 ...
  Age : num [1:12312] 78 73 75 74 66 44 73 74 74 74 ...
  Sex : chr [1:12312] "F" "M" "M" "M" ...
  Smoking : num [1:12312] 1 0 0 0 1 0 0 1 0 0 ...
  Height : chr [1:12312] "159" "170" "164" "163" ...
  Weight : chr [1:12312] "55" "63" "63" "50" ...
  BMI : chr [1:12312] "22" "21" "23" "18" ...
  HTN : num [1:12312] 1 0 0 0 0 0 1 1 0 0 ...
  DM : num [1:12312] 1 0 0 0 0 0 0 1 0 1 ...
  Dyslipid : num [1:12312] 1 0 0 0 0 0 0 0 1 1 ...
  FH_CAD : num [1:12312] 0 0 0 0 0 0 0 1 0 0 ...
  PRE_MI : num [1:12312] 0 1 0 0 0 0 0 0 0 0 ...
  PRE_PCI : num [1:12312] 0 0 0 1 0 0 0 0 0 1 ...
  PRE_CABG : num [1:12312] 0 0 0 0 0 0 0 0 0 0 ...
  PRE_CVA : num [1:12312] 0 0 0 0 0 0 0 0 0 0 ...
  CHF : num [1:12312] 0 0 0 0 0 0 0 0 0 0 ...
  CRF : num [1:12312] 0 0 0 0 0 0 0 0 0 0 ...
  PAOD : logi [1:12312] NA NA NA NA NA NA ...
  CYP2C19 : chr [1:12312] "*1/*2" "*1/*3" "*1/*3" "*1/*1" ...
  VERI_P_STATUS : chr [1:12312] "12-24시간" "1달이상" "12-24시간" "6-12시간" ...
```

[그림 2-3] 불러온 Excel 파일 데이터의 구조 (앞: dat.excel, 뒤: dat.excel.del)

R studio 오른쪽 창에 Environment 탭을 보면 dat.excel, dat.excel.del 2개의 데이터프레임이 잘 불러들여진 것을 확인할 수 있습니다. 아래로 향한 화살표 모양의 ⏷ 버튼을 클릭하면 각 데이터의 구조를 볼 수 있는데, dat.excel의 경우에는 모든 데이터의 속성이 문자형(chr, character type)으로 불러들여졌습니다. 반면 dat.excel.del의 경우에는 문자형도 있지만, Dx, Age, Smoking 등은 수치형(num, numeric type)으로 불러들여진 것을 확인할 수 있습니다(날짜 변수는 POSIXct이라는 날짜형 데이터 타입으로 불러들입니다).

R은 데이터를 불러들이는 과정에서 각 변수의 데이터 타입을 자동으로 맞춰서 불러오려고 합니다. 그러나 0, 1 혹은 1, 2, 3, 4, 5와 같이 숫자로 구분되는 카테고리 타입의 데이터는 주로 수치형으로 불러들여집니다. 그러므로 향후 분석을 수행하기 위해서는 각 변수의 데이터 타입을 일일이 확인하고 적절히 바꿔주는 작업을 필수적으로 해야 합니다.

(2) Excel 파일을 CSV 파일로 바꾸어 저장한 다음 CSV 파일을 불러온 경우

```r
dat.csv.del <- read.csv("Raw Data Del.csv")
```

```
dat.csv.del            12312 obs. of 134 variables
  Hosp : chr "Hospital_A" "Hospital_A" "Hospital_A" "Hospital_A" ...
  Index : chr "A-0001" "A-0002" "A-0003" "A-0004" ...
  Dx : chr "2" "2" "2" "2" ...
  Age : int 78 73 75 74 66 44 73 74 74 74 ...
  Sex : chr "F" "M" "M" "M" ...
  Smoking : chr "1" "0" "0" "0" ...
  Height : int 159 170 164 163 172 158 170 174 172 175 ...
  Weight : int 55 63 63 50 83 59 73 76 71 84 ...
  BMI : int 22 21 23 18 28 23 25 24 23 26 ...
  HTN : chr "1" "0" "0" "0" ...
  DM : chr "1" "0" "0" "0" ...
  Dyslipid : chr "1" "0" "0" "0" ...
  FH_CAD : chr "0" "0" "0" "0" ...
  PRE_MI : chr "0" "1" "0" "0" ...
  PRE_PCI : chr "0" "0" "0" "1" ...
  PRE_CABG : int 0 0 0 0 0 0 0 0 0 0 ...
  PRE_CVA : chr "0" "0" "0" "0" ...
  CHF : int 0 0 0 0 0 0 0 0 0 0 ...
  CRF : chr "0" "0" "0" "0" ...
  PAOD : chr "" "" "" "" ...
  CYP2C19 : chr "*1/*2" "*1/*3" "*1/*3" "*1/*1" ...
  VERI_P_STATUS : chr "12-24__" "1___" "12-24__" "6-12__" ...
```

[그림 2-4] 불러온 CSV 파일 데이터의 구조

Excel 파일을 CSV로 저장하여 불러들인 dat.csv.del의 데이터 구조를 보면 변수들의 속성이 주로 문자형(character type) 혹은 요인형(factor type)로 되어 있는 것을 확인할 수 있습니다. HTN(고혈압 유무) 변수를 보면 0, 1로 이루어져서 요인형으로 불러들여져야 할 것 같은데 문자형으로 불러들여졌습니다. 이처럼 데이터 타입이 예상과 다르게 불러들여지는 이유는 데이터를 주어진 형식으로 입력하지 않았기 때문입니다.

이해하기 쉽게 Excel에서 Filter를 걸어보면 다양한 입력값들이 존재하는 것을 확인할 수 있습니다. 여러 사람이 작업을 하는 경우 사전에 정한 약속을 어길 때가 종종 있고, 심지어 같은 의미의 약자도 서로 다르게 쓰기도 합니다. 그래서 저는 데이터를 불러들일 때 na.strings 옵션을 사용하여 NA로 처리할 입력값들을 어느 정도 처리합니다. 수치형일 것으로 판단되는 변수들인데, 문자형인 경우에는 데이터를 찬찬히 살펴보면 중간에 “>7”, “<0.01”, “nd”와 같은 값들이 있는 것을 확인할 수 있습니다. 이러한 값들은 나중에 문자 처리 함수를 사용하여 연구자의 판단에 따라 “7”, “0.01”, “0”으로 변경할 수도 있습니다. 문자 처리 방법에 대해서는 뒤에 추가로 설명하겠습니다.

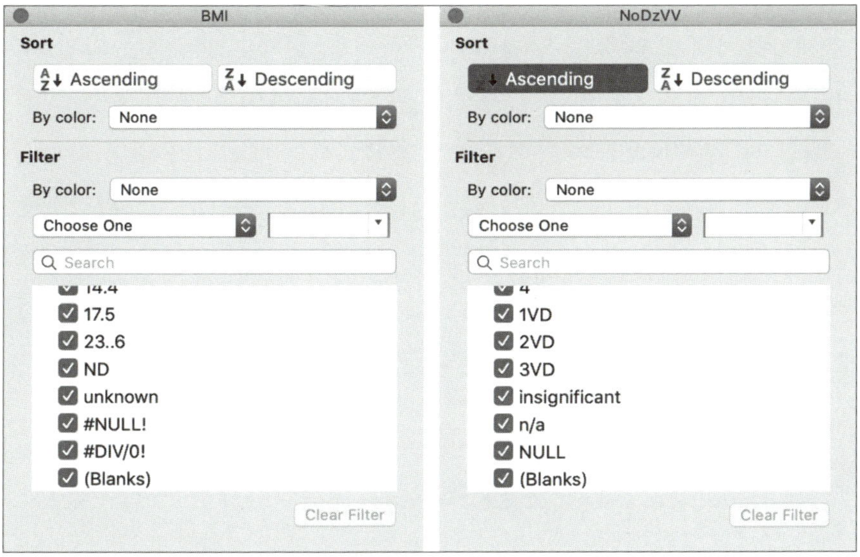

[그림 2-5] 계획에 없는(미처 생각하지 못한) 다양한 입력값들

```
# na.strings 옵션을 사용하여 #DIV/0!, #NULL!, ND, NA, -, N/A, n/a, UK, ""(빈칸)을 NA로 처리하여 불러들임
dat.csv <- read.csv("Raw Data.csv", na.strings=c("#DIV/0!", ".", "#NULL!", "ND", "NA", "", "-", " ", "N/A", "n/a", "UK"))
```

데이터를 불러온 다음에 데이터를 정리하는 과정에 대해서 정해진 규칙이 있는 것은 아닙니다. 지금부터 불러들인 데이터를 가지고 하나씩 하나씩 순서대로 데이터 정리를 할 예정이지만, 반드시 이 책에 나와 있는 순서대로 해야 하는 것은 아닙니다. 설명의 편의를 위해 제가 실제로 작업했던 순서와 다르게 한 부분도 있고, 데이터를 정리하다 보면 정리해야 할 부분이 계속 발견되기 때문에 사실 순서가 무의미하다고 할 수 있습니다.

2-2 데이터 삭제하기

1) 데이터가 없는 행 삭제

간혹 데이터로 쓸 수 없는 행이 들어 있는 경우가 있습니다. 가령 연구등록번호가 없다든지, 시술한 환자에 대한 데이터인데 시술 날짜나 시술 관련 정보가 없는 경우입니다. 연구자가 생각하기에 있을 수 없을 것 같은 일이지만, 실제로 발생하는 일입니다.

데이터가 없는 행은 complete.cases() 함수를 사용하여 삭제할 수 있습니다. 그런데 이때 ""(공란) 등을 NA로 바꿔주지 않으면 R에서는 데이터가 있다고 판단합니다. 때문에 데이터가 삭제되지 않고 남아 있게 되어 데이터 개수를 잘못 파악하는 경우가 생길 수 있습니다. 따라서 데이터를 불러들일 때는 na.strings 옵션을 사용하여 필요 없는 데이터는 NA 처리를 하고, complete.cases() 함수를 사용하여 데이터가 없는 행을 삭제하는 게 좋습니다.

```
# 불러들일 때 na.strings 처리 (dat1)
dat1 <- read.csv("Raw Data Del.csv", na.strings = c("#DIV/0!", ".", "#NULL!",
"ND", "NA", "", "-", " ", "N/A", "n/a", "UK"))

# 불러들일 때 na.strings 처리를 하지 않음 (dat2)
dat2 <- read.csv("Raw Data Del.csv")

# dat1은 Index가 NA인 행이 2개가 있게 확인됨
dat3 <- dat1[is.na(dat1$Index), c(1:9) ]
dat3
```

```
      Hosp Index Dx Age Sex Smoking Height Weight  BMI
12311 <NA>  <NA>  4  59   M       2    168     67   24
12312 <NA>  <NA>  5  66   M       0     NA     NA   NA
```

```
# 불러들일 때 na.strings 처리를 하지 않은 dat2는 파악이 안 됨
dat4 <- dat2[is.na(dat2$Index), c(1:9) ]
dat4
```

```
[1] Hosp  Index Dx  Age  Sex  Smoking Height  Weight BMI
<0 rows> (or 0-length row.names)
```

```
# dat2는 Index가 ""(공란)인 행을 파악하여 확인 가능
dat5 <- dat2[dat2$Index =="", c(1:9) ]
dat5
```

```
      Hosp  Index  Dx  Age  Sex  Smoking  Height  Weight  BMI
12311               4   59    M        2     168      67   24
12312               5   66    M        0      NA      NA   NA
```

```
# dat1은 Index가 NA인 행 전체 삭제하여 정리
dat6 <- dat1[complete.cases(dat1[ , c("Index")]), ]
nrow(dat6) # 행개수가 12,310개로 수정됨
```

```
[1] 12310
```

```
# dat2는 Index가 ""(공란)인 행 전체를 삭제하여 정리
dat7 <- dat2[dat2$Index != "", ]
nrow(dat7) # 행개수가 12,310개로 수정됨
```

```
[1] 12310
```

참고 특정 행 삭제

```
#Index가 'Z-0001'인 행 삭제
dat7 <- dat7[!(dat7$Index == "Z-0001"),]
```

이제부터는 dat6(불러들일 때 na.strings 처리를 하고 Index 변수가 NA인 행을 전체 삭제한 데이터)를 기준으로 정제를 할 때마다 dat7, dat8, dat9 이런 식으로 새로운 데이터프레임을 계속 만들어가면서 정리하겠습니다.

관상동맥 스텐트 삽입술(percutaneous coronary intervention, PCI)이라는 시술을 시행하고 혈소판 기능검사(VerifyNow 검사) 결과가 있는 환자에 대해 분석하기로 했다고 가정해봅시다. 데이터에서 PCI를 시행받은 날짜(PCI_DATE)와 혈소판 기능검사 결과

값(VERI_PRU)이 NA인 행도 추가적으로 삭제했습니다. 결과를 보면 분석할 환자 수가 1만 2,310명에서 1만 1,182명으로 9.15% 감소했습니다. 아마도 각 세부기관에서 모으고 있던 자료를 제대로 확인하지 않고 그대로 주관기관에 넘겼을 수 있습니다. 또는 (만약 세부기관이 주관기관에서 알려준 대로 데이터를 정리해서 보내줬던 거라면) 주관기관이 세부기관에 제대로 공지를 못해준 거라고 할 수 있습니다. 만약 데이터 수집을 시작하기 전에, 혹은 수집이 끝나기 전에 어떤 환자를 연구할 것인지를 주관기관이 세부기관에 보다 자세히 알려줬더라면, PCI를 시행하지 않거나 혈소판 기능검사를 하지 않은 9.15%에 해당하는 1,128명의 데이터를 참여기관에서 정리할 필요는 없었을지도 모릅니다.

```
# PCI_DATE와 VERI_PRU가 NA인 행 전체 삭제하여 정리
dat8 <- dat6[complete.cases(dat6[ , c("PCI_DATE", "VERI_PRU")]), ]
nrow(dat8) # 행 개수가 11,182개로 수정됨
```

```
[1] 11182
```

2) 중복되는 데이터 삭제

데이터를 여러 사람이 나눠서 수집하다 보면 동일한 환자가 여러 번 포함될 수 있습니다. 기관 내 서로 다르게 모아놓은 데이터를 합치는 과정에서도 마찬가지로 동일한 환자가 중복될 수 있습니다. 심지어 검사 및 시술에 대한 데이터를 수집하는 경우에도 검사 및 시술을 반복적으로 시행한 환자가 중복 입력되기도 합니다. 연구의 목적에 따라 이러한 환자들을 중복하여 연구할 수도 있겠지만, 대부분 연구 목적에 따라 기준을 세워서 중복된 경우 중 한 번만 포함시켜서 분석합니다.

중복된 행을 삭제할 때는 unique()나 duplicated() 함수를 사용합니다.

(1) unique()

```
dat9 <- unique(dat8)
nrow(dat9) # 행 개수는 11,182개로 동일함
```

```
[1] 11182
```

unique() 함수는 행의 모든 값이 일치할 경우 중복으로 간주하고 삭제합니다. 그 결과 1만 1,182개로 전혀 줄지 않았습니다. 사실 모든 변수의 값이 동일한 경우는 거의 없습니다. 문자형 데이터를 입력하는 과정에서 같은 의미더라도 대소문자와 같은 소소한 차이가 나기 마련입니다.

만약 환자의 병원등록번호가 데이터에 포함되어 있다면, 병원등록번호가 동일한 경우 하나만 남기고 나머지는 삭제하면 됩니다. 이런 때에는 duplicated() 함수를 쓸 수 있습니다.

(2) duplicated()

duplicated() 함수는 중복되는 행을 TRUE, 중복되지 않는 행을 FALSE로 반환합니다. 다음 예제 코드에서 Age, Sex, CR(혈중 크레아티닌 수치), VERI_PRU(혈소판 기능 검사 결과), CYP2C19(CYP2C19 유전자형)의 5가지 항목이 모두 일치하는 환자는 중복된 환자로 판단하기로 가정하였습니다. 중복 행의 변수들의 값을 확인하고자 할 때에는 duplicated() 함수를 which() 안에 중첩하여 활용합니다. 앞서 언급한 대로 duplicated() 함수는 지정한 변수들이 중복되지 않고 처음 나오는 행에 FALSE를 반환하고, 중복되면 TRUE를 반환합니다. 즉 중복되는 것들 중에 처음 나오는 것은 FALSE가 반환되기 때문에 실제 겹치는 행들을 비교하려면, duplicated() 함수를 반대 방향으로 한 번 더 적용해주어 원래 방향에서 FALSE로 반환된 행에 TRUE를 반환시키고 |(or)를 통해 하나라도 TRUE인 행을 모두 추출하면 됩니다. 요약하면 x[which(duplicated(x)| duplicated(x,fromLast=T)),]로 표현할 수 있습니다. 다음 코드를 통해 36개의 중복 행을 찾아내어 그중에서 하나씩 남기고 18개를 삭제하여 1만 1,164명의 환자가 남았습니다.

중복된 행을 살펴보면 동일한 환자가 중복된 것 같지는 않습니다. 이 예제는 특정 변수들이 동일한 케이스를 추출하여 조작하는 방법을 보여주기 위해 임의로 설정한 것입니다.

```
# x[which(duplicated(x)|duplicated(x,fromLast=T)),]
dat10 <- dat8[which(duplicated(dat8[,c("Age", "Sex", "CR", "VERI_PRU", "CYP2C1
9")])|duplicated(dat8[,c("Age", "Sex", "CR", "VERI_PRU", "CYP2C19")], fromLast
= T)),]

# 중복 행 10개 확인
dat11 <- dat10[,c("Index","Hosp", "Enroll_DATE", "Age", "Sex", "CR", "VERI_
PRU", "CYP2C19")]
head(dat11[order(dat11$VERI_PRU, decreasing = T),], n = 10)
```

```
        Index       Hosp Enroll_DATE Age Sex    CR VERI_PRU CYP2C19
300    A-0300 Hospital_A  2013/08/13  60   M   0.8      310   *1/*1
9793   H-0593 Hospital_H  2008.09.24  60   M   0.8      310   *1/*1
3068   C-0068 Hospital_C  2012/04/23  68   F   1.2      299   *1/*1
4026   C-1026 Hospital_C  2013/05/27  68   F   1.2      299   *1/*1
1235   B-0535 Hospital_B  2011/09/28  65   F    NA      270    <NA>
9129   G-2459 Hospital_G  2017/06/22  65   F    NA      270    <NA>
6835   G-0165 Hospital_G  2007/04/20  77   M    NA      262    <NA>
7653   G-0983 Hospital_G  2011/06/19  77   M    NA      262    <NA>
932    B-0232 Hospital_B  2011/04/11  55   M 104.0      254    <NA>
2361   B-1661 Hospital_B  2014/04/20  55   M 104.0      254    <NA>
```

```
nrow(dat11) # 중복 행 개수 36개
```

```
[1] 36
```

```
# 중복된 행 제거
dat12 <- dat8[!duplicated(dat8[,c("Age", "Sex", "CR", "VERI_PRU",
"CYP2C19")]),]
nrow(dat12) # 행 개수는 11,164개 남음
```

```
[1] 11164
```

2-3 날짜 변수 정리하기

1) 날짜 표현 통일

날짜형 데이터로 예상되는 연구등록날짜(Enroll_DATE)의 데이터 타입을 확인해보면 요인형(factor) 데이터입니다. 데이터 타입을 바꿀 때는 as.원하는 데이터 타입() 함수들을 이용하여 변환할 수 있습니다.

> **데이터 타입 변경**
>
> - as.character(): 문자형으로
> - as.numeric(): 수치형으로
> - as.factor(): 요인형으로
> - as.Date(): 날짜형으로
> - as.logical(): 진리형(True or False)으로 (as.integer()를 적용하면 True는 1, False는 0으로 반환)

그런데 Enroll_DATE에 as.Date() 함수를 적용하면 '2004-01-05' 형식으로 된 날짜만 제대로 변환되고 나머지는 NA로 변환됩니다. 혹은 에러가 발생하기도 합니다.

```
# Enroll_DATE의 데이터 타입 확인
class(dat12$Enroll_DATE)
```

```
[1] "factor"
```

```
# 날짜형으로 변환
dat12$datetest1 <- as.Date(dat12$Enroll_DATE)
# 변환된 데이터 확인
summary(dat12$datetest1)
```

```
(결과 생략, [그림 2-6] 참조)
```

```
# datetest1 변수 삭제
dat12$datetest1 <- NULL
```

실제 데이터를 살펴보면 Enroll_DATE에 날짜가 '2012/02/07', '20120224', '2004.12.07', '06-Apr-09'와 같이 다양한 방식으로 입력되어 있는 것을 알 수 있습니다.

Enroll_DATE	Enroll_DATE	Enroll_DATE	Enroll_DATE	Enroll_DATE
2012/02/07	20120306	2004.03.12	20170526	26-Apr-10
2012/02/07	20120306	2009.07.14	20130606	06-Apr-09
2012/02/07	20120306	2009.02.03	20170530	02-Nov-09
2012/02/07	20120306	2009.02.13	20170626	20-Apr-09
2012/02/07	20120306	2008.06.11	2013-60-09	12-Oct-04
2012/02/08	20140429	2008.05.26	2012-12.23	02-Jan-09
2012/02/09	20120306	2008.05.26	2012-05.23	02-Apr-12
2012/02/10	20120307	2009.02.03	2010/11/12	15-Jun-12
2012/02/13	20120307	2006.07.26	2015/10/22	14-Feb-09
2012/02/14	20120307	2008.10.27	2014/11/20	18-May-10
2012/02/13	20120307	2009.08.17	2014/10/30	12-Sep-06
2012/02/14	20120308	2009.10.21	2014/09/19	04-Jun-09
2012/02/16	20120308	2004.06.21	2014/08/20	07-Dec-10
2012/02/16	20120308	2009.10.27	2014/08/19	09-May-11
2012/02/20	20120308	2009.03.02	2014/08/19	23-Jan-09
2012/02/07	20120306	2004.03.12	2013-60-09	26-Apr-10
			2012-12.23	

[그림 2-6] 다양한 형식으로 입력된 날짜 데이터

[그림 2-6] Excel 파일을 보면 날짜 데이터가 다양한 형식으로 입력되어 있는 것을 확인할 수 있습니다. 'Enroll_DATE'라는 변수에 6가지 형식으로 날짜 데이터가 입력되어 있습니다. 특히 회색으로 표시한 값을 보면 '2013-60-09'와 같이 엉뚱한 데이터가 입력되어 있는가 하면, 연도와 월 사이에는 '-', 월과 일 사이에는 '.'으로 다르게 구분되어 있기도 합니다. 따라서 날짜 변수를 변환할 때에는 날짜형으로 변환되지 못한 데이터의 유무를 확인하면서 정리하는 게 좋습니다.

이러한 경우에는 다소 복잡하긴 하지만, 데이터 타입을 문자형으로 바꾸고 날짜 입력 방식별로 나누어 새로운 변수(컬럼)로 옮긴 다음, as.Date() 함수를 이용하여 날짜 입력 방식에 따라 날짜로 변환하고 다시 하나의 변수(컬럼)로 합치는 방식으로 날짜를 정리할 수 있습니다.

```
# 문자형으로 변환
dat12$TEMP_DATE <- as.character(dat12$Enroll_DATE)

# 각 날짜 스타일에 맞게 날짜형으로 변환하여 새로운 변수에 반환
# 날짜기호 정리표 참조
dat12$TEMP_DATE1 <- as.Date(dat12$TEMP_DATE, format='%Y/%m/%d')
dat12$TEMP_DATE2 <- as.Date(dat12$TEMP_DATE, format='%Y-%m-%d')
dat12$TEMP_DATE3 <- as.Date(dat12$TEMP_DATE, format='%Y.%m.%d')
dat12$TEMP_DATE4 <- as.Date(dat12$TEMP_DATE, format='%Y%m%d')
dat12$TEMP_DATE5 <- as.Date(dat12$TEMP_DATE, format='%d-%b-%y')
dat12$TEMP_DATE6 <- as.Date(dat12$TEMP_DATE, format='%Y-%m.%d')

# ifelse 구문을 활용해서 새로운 TEMP_DATEf 변수에 합침
# ifelse문을 중첩할 경우 대개 상위 조건문보다 우측으로 조금씩 들여쓰기를 하지만, 이 책에서는 가독성을
위해 들여쓰기를 편집하였음
dat12$TEMP_DATEf <- ifelse(is.na(dat12$TEMP_DATE1)==FALSE,
                    as.character(dat12$TEMP_DATE1),
                    ifelse(is.na(dat12$TEMP_DATE2)==FALSE,
                    as.character(dat12$TEMP_DATE2),
                    ifelse(is.na(dat12$TEMP_DATE3)==FALSE,
                    as.character(dat12$TEMP_DATE3),
                    ifelse(is.na(dat12$TEMP_DATE4)==FALSE,
                    as.character(dat12$TEMP_DATE4),
                    ifelse(is.na(dat12$TEMP_DATE5)==FALSE,
                    as.character(dat12$TEMP_DATE5),
                    ifelse(is.na(dat12$TEMP_DATE6)==FALSE,
                    as.character(dat12$TEMP_DATE6),
                    NA))))))

# TEMP_DATEf을 날짜형으로 변환
dat12$TEMP_DATEf <- as.Date(dat12$TEMP_DATEf)

# 날짜형으로 변환되지 못한 데이터 유무 확인
# if(조건문){참일 때 실행}else{거짓일 때 실행}
# TEMP_DATEf 변수가 NA인 행을 추출한 데이터프레임의 행의 수가 0이 아니면, 변환되지 못한 행의
Enroll_DATE를 출력하고, 0이면 "0개입니다"를 출력함
if(nrow(dat12[is.na(dat12$TEMP_DATEf),]) != 0 )
{table(as.data.frame.character(dat12[is.na(dat12$TEMP_DATEf) & !is.
na(dat12$Enroll_DATE), "Enroll_DATE"]))}else{print("0개입니다")}
```

```
[1] "0개입니다"
```

코드를 실행한 결과, Enroll_DATE에 값이 존재하는데 TEMP_DATEf 변수에 날짜형으로 변환시키지 못한 행의 개수는 0이었습니다. 즉, Enroll_DATE 변수에 존재하는 다양한 타입의 날짜들이 모두 성공적으로 날짜형 데이터로 변환되었습니다.

[표 2-1] 날짜 기호 정리표

기호	의미	예
%Y	4자리 년도	2020
%y	2자리 년도	20
%m	숫자 월	11
%B	영문 월	January
%b	영문약자 월	Jan
%A	영문 주일	Monday
%a	영문약자 주일	Mon
%d	숫자 일	25

```
# Enroll_DATE를 TEMP_DATEf로 업데이트
dat12$Enroll_DATE <- dat12$TEMP_DATEf

# 필요 없는 파생변수들 삭제
dat12$TEMP_DATE <- NULL; dat12$TEMP_DATE1 <- NULL;
dat12$TEMP_DATE2 <- NULL; dat12$TEMP_DATE3 <- NULL;
dat12$TEMP_DATE4 <- NULL; dat12$TEMP_DATE5 <- NULL;
dat12$TEMP_DATE6 <- NULL; dat12$TEMP_DATEf <- NULL
```

이런 식으로 다른 날짜들도 정리하면 됩니다. 정리할 날짜 변수들을 확인하기 위해 names() 함수로 데이터세트의 변수이름을 조회해봅니다.

```
names(dat12)
# dataframe 컬럼 이름 확인
# 날짜 변수 확인
# Enroll_DATE, VERI_P_DATE, PCI_DATE, DIS_DATE, FiNAL_FU_DATE, DEATH_DATE,
MI_DATE, ST_DATE, CVA_DATE, RR_DATE
```

앞의 코드를 함수로 짜거나, 반복 구문을 통해 한 번에 처리할 수 있다면 참 좋겠다는 생각이 들기도 합니다. 그러나 사실 데이터 정제는 하나하나 직접 확인해가면서 해야 하는 작업입니다. 그래서 앞의 예시에서도 중간에 날짜형으로 변환되지 못한 데이터 유무를 확인하는 과정이 포함되어 있으며, 이는 굉장히 중요한 단계입니다. 아무리 코딩에 자신이 있어도 중간중간에 확인하지 않으면 나중에 어디서 잘못되었는지 찾기 어렵습니다.

날짜형으로 변환되지 못한 데이터 유무를 확인하는 단계에서 예상치 못한 입력값을 찾아낼 수 있습니다. 임상연구 자료를 모으다 보면, 실제 기관 내에서 발생한 사건이 아닌 경우에는 날짜가 분명하지 않은 경우가 많습니다. 확실하지 않은 데이터에 대해 담당 연구원이 최대한의 정보를 입력하려고 하다 보니 '2014-09-UK'와 같이 입력할 수도 있습니다(UK는 unknown의 약자로 예상되며 사건 발생 날짜는 2014년 9월의 어느 날 정도일 것으로 추정됩니다). 예제 코딩에서는 이런 경우 dat14로 넘어가는 과정에서 NA로 처리됩니다. 하지만 애당초 월까지만 분석하는 것이라면 '2014-09-UK'와 같은 데이터도 충분히 활용할 수 있습니다. 혹은 사전에 연구자들이 충분히 상의하여 일자가 분명치 않은 경우에는 15일 등 특정 날짜를 일괄 입력하는 방법도 고려해볼 수 있습니다.

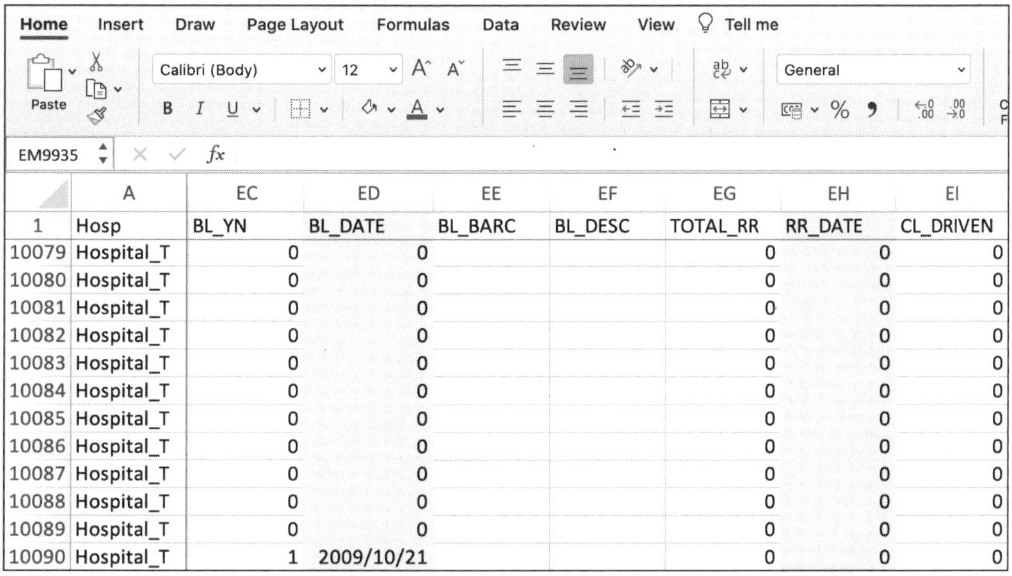

	A	EC	ED	EE	EF	EG	EH	EI
1	Hosp	BL_YN	BL_DATE	BL_BARC	BL_DESC	TOTAL_RR	RR_DATE	CL_DRIVEN
10079	Hospital_T	0	0			0	0	0
10080	Hospital_T	0	0			0	0	0
10081	Hospital_T	0	0			0	0	0
10082	Hospital_T	0	0			0	0	0
10083	Hospital_T	0	0			0	0	0
10084	Hospital_T	0	0			0	0	0
10085	Hospital_T	0	0			0	0	0
10086	Hospital_T	0	0			0	0	0
10087	Hospital_T	0	0			0	0	0
10088	Hospital_T	0	0			0	0	0
10089	Hospital_T	0	0			0	0	0
10090	Hospital_T	1	2009/10/21			0	0	0

[그림 2-7] 날짜 변수에 엉뚱한 데이터가 입력된 경우

[그림 2-7]을 보면 날짜형 데이터라고 생각되는 BL_DATE 변수와 RR_DATE에 '0'이 입력되어 있습니다. 날짜형 데이터를 처리할 때 '0'으로 입력된 것을 NA로 다시 바꿔줘야 합니다. 실제 데이터에서도 [그림 2-7]처럼 BL_DATE, RR_DATE라는 날짜 변수에 0이 입력된 경우가 있었습니다. 이때 데이터를 정리하지 않고 데이터 분석을 하게 되면 결과가 엉뚱하게 나오거나 분석이 되지 않습니다. 날짜 변수에 왜 0이 입력되었을까 생각해보면, 연구원이 날짜 변수를 입력할 때 데이터를 확인한 것과 확인하지 못한 것을 구분하기 위해 0으로 표시한 것일 수도 있습니다. 변수에 예상하지 못한 값이 입력되어 있을 경우에는 꼼꼼히 살펴봐야 합니다. 그냥 잘못 입력된 것이겠거니 생각할 수도 있지만, 날짜형이나 문자형 데이터가 입력되어야 하는 변수에 '0'이나 '1'과 같은 정수형 값이 입력되어 있는 경우에는 좀 더 주의를 해야 합니다. 카테고리형 자료의 입력 방식 중 가장 흔한 방식이 0, 1과 같은 정수값을 입력하는 방식인데, 데이터를 메뉴얼로 복사하고 붙이는(copy & paste) 과정에서 열을 잘못 맞췄을 수도 있습니다.

여기까지의 작업을 저장하고 전체적인 데이터를 살펴보겠습니다. 전체적으로 데이터를 살펴보는 데에는 처음에는 Excel이 가장 편리합니다.

```
# dat14로 version upgrade
dat14 <- dat12

# dat14를 CSV 파일로 저장
write.csv(dat14, file="dat14.csv", fileEncoding = "utf8")
```

참고 1 날짜의 일부 추출하기

날짜 데이터는 일자 혹은 시간까지 자세히 입력되어 있는 경우가 대부분입니다. 하지만 막상 분석할 때에는 월별, 연도별로 분석하는 경우가 많습니다. 이런 경우에 날짜의 일부를 추출하여 분석해야 합니다.

```
# 데이터 확인
head(dat14$PCI_DATE)
```

```
[1] "2013-01-14" "2013-01-15" "2013-01-16" "2013-01-17" "2013-01-17"
[6] "2013-01-17"
```

```
# 년-월 추출
dat14$PCI_yrmo <- format(as.Date(dat14$PCI_DATE), "%Y-%m")
head(dat14$PCI_yrmo)
```

```
[1] "2013-01" "2013-01" "2013-01" "2013-01" "2013-01" "2013-01"
```

```
# 년 추출
dat14$PCI_year <- format(as.Date(dat14$PCI_DATE), "%Y")
head(dat14$PCI_year)
```

```
[1] "2013" "2013" "2013" "2013" "2013" "2013"
```

참고 2 lubridate 패키지

lubridate는 날짜 데이터를 다루는 데 많이 사용되는 패키지로 알아두면 편리합니다.

날짜형으로 변환하기

```
# 예제 데이터 확인
class(dat10$PCI_DATE); head(dat10$PCI_DATE)
```

```
[1] "factor"
[1] 2013/08/13 2011/04/11 2011/09/28 2014/04/20 2014/05/22 2014/10/23
3206 Levels: 2003.06.02 2003.07.09 2003.09.08 2003.10.01 ... 2018/05/12
```

factor형으로 되어 있으며, 실제로는 20121022처럼 붙여쓴 형식, 2013/10/18처럼 /로 붙여쓴 형식, 31-Jul-11과 같은 형식 등 다양한 형식이 있을 수 있습니다.

```
# lubridate 패키지를 로딩
require(lubridate)

# 연월일 순으로 된 데이터 변환
dat10$PCI_DATE.1 <- ymd(dat10$PCI_DATE)

# 데이터 확인
class(dat10$PCI_DATE.1); head(dat10$PCI_DATE.1)
```

```
[1] "Date"
[1] "2013-08-13" "2011-04-11" "2011-09-28" "2014-04-20" "2014-05-22"
[6] "2014-10-23"
```

Date형으로 변경되었습니다. 연월일 순으로 된 데이터(20121022, 2013/10/18 등)는 제대로 변경됩니다. 하지만 데이터에 31-Jul-11처럼 일월년순으로 된 것이 있다면, 다음처럼 엉뚱하게 변환되기 때문에 데이터를 잘 확인한 후 사용해야 합니다.

```
testdate <- "31-Jul-11"
result <- ymd(testdate)
result
```

```
[1] "2031-07-11"
```

lubridate 패키지는 데이터를 변형하는 함수로 ymd(), mdy(), dmy()가 있습니다. 순서만 일정하면 편하게 날짜 데이터로 변환할 수 있습니다.

날짜 일부 추출하기

함수 용법	설명	예문 〉출력결과
year(x)	연도 추출	year(testdate) 〉2012
month(x)	월 추출	month(testdate) 〉10
day(x)	일 추출	day(testdate) 〉22
week(x)	주 추출	week(testdate) 〉43
wday(x)	요일 추출	wday(testdate, label = TRUE) 〉Mon
semester(x)	상반기/하반기 추출	semester(testdate) 〉2
quarter(x)	분기 추출	quarter(testdate) 〉4

예시 데이터: testdate 〈- ymd(20121022)

* wday()에서 label 옵션을 쓰지 않으면 일요일을 기준으로 2를 반환

barplot()을 사용하여 연도별 케이스 수를 그래프로 나타내보겠습니다.

```
# 연도를 추출
dat14$PCI_year <- year(dat14$PCI_DATE)
# table() 함수로 건수 계산
sum.year <- table(dat14$PCI_year)
# barplot()로 시각화
barplot(sum.year)
```

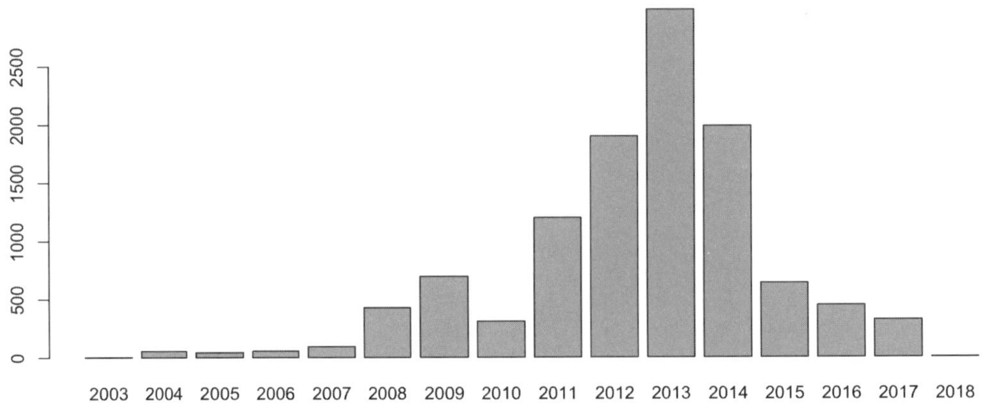

[그림 2-8] barplot()을 활용한 연도별 케이스 수 시각화

2) 1900년 1월 1일

날짜는 데이터 입력 과정에서 오류가 많이 발생합니다. 특히 Mac이나 Windows와 같이 OS가 다른 경우, R과 같은 각종 통계 소프트웨어에서 불러오거나 저장하는 과정에서 이상하게 변하는 경우가 있습니다. 이 책에서 제공하는 Date_example2 파일의 데이터를 보면 Enroll_DATE, PCI_DATE, FINAL_FU_DATE는 제대로 입력되어 있으나, DEATH_DATE, MI_DATE, ST_DATE, CVA_DATE에는 '40141'과 같은 이상한 숫자가 입력되어 있는 것을 확인할 수 있습니다. 이유는 아마도 Excel에서 데이터를 조작하는 과정에서 변형이 이루어졌을 가능성이 높습니다.

Excel은 1900년 1월 1일을 기준으로 날짜형 데이터에 일련번호를 부여합니다. 데이터를 입력하는 사람이 날짜 데이터의 [표시형식]을 [날짜]로 지정해놓고 데이터를 입력했는데, 어느 순간에 [표시형식]을 [일반]으로 변경하면 날짜가 1900년 1월 1일에서 경과한 일수로 표시되고, [표시형식]이 [날짜]로 입력되지 않았던 변수들은 그대로 형식을 유지하게 되어 차이가 발생하게 됩니다. 실제로 FINAL_FU_DATE 변수의 [표시형식]을 [일반]으로 변경하면 날짜에서 '40141'과 같은 형식의 숫자로 변경되는 것을 확인할 수 있습니다.

FINAL_FU_DATE	DEATH_DATE	MI_DATE	ST_DATE	CVA_DATE	RR_DATE
2009/11/24	40141	38666	NA	NA	38667
2010/04/22	40290	NA	39751	NA	39752
2010/10/14	40235	40036	40036	NA	40036
2010/08/02	40392	40109	NA	NA	40109
2009/12/22	40169	NA	40114	NA	40114
2010/05/21	40319	NA	NA	NA	NA
2009/12/02	40149	NA	NA	NA	NA
2010/04/09	40277	NA	NA	NA	NA
2010/05/20	40098	NA	NA	NA	NA
2009/10/08	40094	NA	NA	NA	NA
2009/03/04	40235	NA	NA	NA	NA
2009/11/15	40132	NA	NA	NA	NA
2010/01/05	40183	NA	NA	NA	NA
2010/08/30	40255	NA	NA	NA	NA
2010/01/23	40201	NA	NA	NA	NA
2010/06/09	40128	NA	NA	NA	NA
2010/03/24	40307	NA	NA	NA	NA
2009/11/19	40136	NA	NA	NA	NA
2010/05/13	40311	NA	NA	NA	NA

[그림 2-9] 변형된 날짜형 데이터의 예시

[그림 2-9]를 보면 MI_DATE, ST_DATE, RR_DATE 변수에 날짜라고 생각할 수 없는 38666과 같은 5자리 숫자가 입력되어 있습니다. 이 경우에는 as.Date() 함수에 origin 옵션을 사용해서 데이터를 수정할 수 있습니다. FINAL_FU_DATE(마지막 추적 관찰 날짜)와 DEATH_DATE(사망 날짜)가 동일한 것을 확인할 수 있습니다.

```
# Date_example2.csv 파일을 불러옴
dat.date <- read.csv("Date_example2.csv")

# dat.date의 1~6행의 데이터 출력
head(dat.date)
```

```
  Enroll_DATE  PCI_DATE FINAL_FU_DATE DEATH_DATE MI_DATE
1  2005/11/08 2005/11/08     2009/11/24      40141   38666
2  2005/05/06 2005/05/06     2010/04/22      40290      NA
3  2009/09/14 2009/09/14     2010/10/14      40235   40036
4  2007/12/12 2008/10/18     2010/08/02      40392   40109
5  2009/05/14 2007/11/12     2009/12/22      40169      NA
6  2009/10/21 2009/07/05     2010/05/21      40319      NA
```

```
  ST_DATE  CVA_DATE  RR_DATE
1      NA        NA    38667
2   39751        NA    39752
3   40036        NA    40036
4      NA        NA    40109
5   40114        NA    40114
6      NA        NA       NA
```

```
# class() 함수로 변수의 타입 확인
class(dat.date$FINAL_FU_DATE)
```

```
[1] "factor"
```

```
class(dat.date$DEATH_DATE)
```

```
[1] "integer"
```

```
# as.Date() 함수로 데이터 타입을 날짜형으로 변환
dat.date$Enroll_DATE <- as.Date(dat.date$Enroll_DATE)
dat.date$PCI_DATE <- as.Date(dat.date$PCI_DATE)
dat.date$FINAL_FU_DATE <- as.Date(dat.date$FINAL_FU_DATE)

# as.Date() 함수에 'origin =' 옵션을 사용하여 날짜형 데이터로 변환
dat.date$DEATH_DATE <- as.Date(dat.date$DEATH_DATE, origin = "1899-12-30")
dat.date$MI_DATE <- as.Date(dat.date$MI_DATE, origin = "1899-12-30")
dat.date$ST_DATE <- as.Date(dat.date$ST_DATE, origin = "1899-12-30")
dat.date$CVA_DATE <- as.Date(dat.date$CVA_DATE, origin = "1899-12-30")
dat.date$RR_DATE <- as.Date(dat.date$RR_DATE, origin = "1899-12-30")

# 제대로 변환되었는지 확인
head(dat.date)
```

```
  Enroll_DATE   PCI_DATE FINAL_FU_DATE DEATH_DATE    MI_DATE
1  2005-11-08 2005-11-08    2009-11-24 2009-11-24 2005-11-10
2  2005-05-06 2005-05-06    2010-04-22 2010-04-22       <NA>
3  2009-09-14 2009-09-14    2010-10-14 2010-02-26 2009-08-11
4  2007-12-12 2008-10-18    2010-08-02 2010-08-02 2009-10-23
5  2009-05-14 2007-11-12    2009-12-22 2009-12-22       <NA>
6  2009-10-21 2009-07-05    2010-05-21 2010-05-21       <NA>
```

```
      ST_DATE   CVA_DATE     RR_DATE
1        <NA>       <NA>  2005-11-11
2  2008-10-30       <NA>  2008-10-31
3  2009-08-11       <NA>  2009-08-11
4        <NA>       <NA>  2009-10-23
5  2009-10-28       <NA>  2009-10-28
6        <NA>       <NA>        <NA>
```

2-4 그 밖의 변수 정리하기

1) 카테고리형 변수 정리 (ifelse)

카테고리형(요인형) 데이터는 임상의학 데이터의 많은 부분을 차지하고 있습니다. 연구 초기에 연구자들이 모여서 카테고리형 변수에 대해 구체적으로 정의하고 입력 방식을 상의해서 정하지만 연구 진행 과정에서 변경되는 경우가 많습니다. 또 예상치 못한 경우가 발생해 애초에 정했던 것과 달리 변형되거나, 추가된 내용 및 방식으로 입력해야 하는 경우가 자주 발생합니다. 사실 실제 현실에서 발생하는 사건을 일일이 예측하여 리스트업하는 것도 어렵거니와 사전에 어느 정도 예측했더라도 분류하기에 애매한 경우도 종종 있습니다. 이러한 이유로 성별과 같이 확실한 것을 제외하고 대다수 카테고리형 변수의 선택지에는 소위 '기타'라는 항목을 통해 여지를 남기고 다양한 데이터를 수집하는 경우가 많은데요, 이러한 배려는 각각의 케이스를 개별적으로 파악하는 데에는 큰 도움이 되지만, 분석하기 위해 데이터를 정제하는 입장에서는 불리하게 작용할 수 있습니다.

카테고리형 변수라고 생각되는 데이터를 정리할 때는 먼저 데이터 타입과 그 내용을 파악해야 합니다.

```
# 데이터 타입 및 내용 파악
class(dat14$CV_DEATH)  # 데이터 타입 확인
```

```
[1] "factor"
```

```
table(dat14$CV_DEATH)  # 데이터 내용 확인
```

```
   0    1 Cardiac  Non-Cardiovascular  Unknown  Vascular
7211  106       23                   58       71        10
```

CV_DEATH(심혈관 사건으로 인한 사망) 변수를 예로 들어 살펴보면 class() 함수를 통해 요인형(factor type)인 것을 확인할 수 있으며, table() 함수를 통해 입력된 값의 종류와 빈도를 파악할 수 있습니다. 애당초 계획 당시에는 0(No), 1(Yes) 2가지 변수를 입력하도록 설정되어 있었습니다. 하지만 연구에 도움이 될 것으로 생각하고 Cardiac, Vascular, Non-Cardiovascular 등으로 세분화하여 입력한 것으로 생각됩니다. 어느 기관에서 이런 데이터가 나왔는지 확인해보면(table(dat14$CV_DEATH, dat14$Hosp)) Hospital_G에만 있는 것을 확인할 수 있습니다. 필요에 따라 'Unknown'에 대해 Hospital_G에 재검토를 요청할 수도 있습니다. 또한 Hosital_D, Hospital_H 등의 경우에는 CV_DEATH가 한 건도 발생하지 않았습니다. CV_DEATH에 대한 자료 수집 자체가 안 된 것일 수 있기 때문에 해당 기관에 CV_DEATH 데이터에 대해 재검토를 요청하는 것이 바람직할 것 같습니다.

```
table(dat14$CV_DEATH, dat14$Hosp)
```

```
                    Hospital_A Hospital_B Hospital_C Hospital_D
0                          693       2253       1874          0
1                            7         46         25          0
Cardiac                      0          0          0          0
Non-Cardiovascular           0          0          0          0
Unknown                      0          0          0          0
Vascular                     0          0          0          0

                    Hospital_E Hospital_F Hospital_G Hospital_H
0                          266        309          0          0
1                            0          2          0          0
Cardiac                      0          0         23          0
Non-Cardiovascular           0          0         58          0
Unknown                      0          0         71          0
Vascular                     0          0         10          0
```

```
                        Hospital_I
0                             1816
1                               26
Cardiac                          0
Non-Cardiovascular               0
Unknown                          0
Vascular                         0
```

어쨌든 이번 예제에서는 ifelse() 함수를 사용하여 Cardiac, Vascular를 1로 변환하고, 그 나머지인 Non-Cardiovascular, Unknown을 0으로 치환하여 정리하고자 합니다. 이를 위해서 요인형으로 되어 있는 변수를 반드시 문서형으로 변환하고, 데이터를 수정한 다음에는 다시 요인형으로 돌려놓습니다.

```
# 문자형으로 변환
dat14$CV_DEATH <- as.character(dat14$CV_DEATH)

# 1, Cardiac, Vascular로 입력된 사건만 CV Death로 정리
dat14$CV_DEATH <- ifelse(dat14$CV_DEATH=="Cardiac", "1",
                         ifelse(dat14$CV_DEATH=="Vascular", "1",
                                ifelse(dat14$CV_DEATH=="1", "1","0")))

# 다시 요인형으로 변환
dat14$CV_DEATH <- as.factor(dat14$CV_DEATH)
# 데이터의 총 행수
nrow(dat14)
```

```
[1] 11164
```

```
# 데이터 확인
table(dat14$CV_DEATH)
```

```
   0    1
7340  139
```

데이터를 다시 보면, nrow(dat14)를 통해 파악한 전체 데이터의 행수는 1만 1,164개인데, table(dat14$CV_DEATH)을 실행해보면 0이 7,340건, 1이 139건으로 합계 7,479건밖에 되지 않습니다. 그 이유는 NA가 빠졌기 때문입니다. 자료를 입력하거나 수정하는 과정에서 해당 사항이 없는 경우 'No', '아니오'를 의미하는 값으로 0을 입력하기도 하지만, 때로는 아예 아무것도 입력하지 않고 빈칸으로 남겨놓기도 합니다. 컴퓨터는 빈칸과 NA값을 구분하기 때문에 분석 과정에서 NA가 고려되었는지 전체 숫자가 맞는지 여부를 항상 신경 써야 합니다.

table() 함수에서 NA값을 같이 파악하기 위해서는 useNA 옵션을 'always'로 설정하면 됩니다. useNA 옵션을 넣고 table() 함수를 실행해보면 NA로 처리된 3,685개를 확인할 수 있습니다. 다른 방법으로 summary()를 사용해도 NA값을 확인할 수 있습니다.

```
table(dat14$CV_DEATH, useNA = "always")
```

```
   0    1 <NA>
7340  139 3685
```

```
summary(dat14$CV_DEATH)
```

```
   0    1 NA's
7340  139 3685
```

참고 그 밖에 다른 예시

```
# 카테고리형 변수의 경우, 일관된 형식으로 수정
# factor형으로 되어 있는 경우에는 이상하게 변환될 수 있으므로
# 반드시 미리 character 타입으로 설정한 다음에 변환
dat14$CYP2C19 <- as.character(dat14$CYP2C19)
dat14$CYP2C19 <- ifelse(dat14$CYP2C19=='*17 homozygous',
                        '*1/*17', dat14$CYP2C19)
dat14$CYP2C19 <- ifelse(dat14$CYP2C19=='*2 heterozygous',
                        '*1/*2', dat14$CYP2C19)
dat14$CYP2C19 <- ifelse(dat14$CYP2C19=='*2 homozygous',
                        '*1/*2', dat14$CYP2C19)
```

```
dat14$CYP2C19 <- ifelse(dat14$CYP2C19=='*2/*3 heterozygous',
                        '*2/*3', dat14$CYP2C19)
dat14$CYP2C19 <- ifelse(dat14$CYP2C19=='*3 heterozygous',
                        '*1/*3', dat14$CYP2C19)
dat14$CYP2C19 <- ifelse(dat14$CYP2C19=='1*/1*',
                        '*1/*1', dat14$CYP2C19)
dat14$CYP2C19 <- ifelse(dat14$CYP2C19=='1*/17',
                        '*1/*17', dat14$CYP2C19)
dat14$CYP2C19 <- ifelse(dat14$CYP2C19=='1*/2*',
                        '*1/*2', dat14$CYP2C19)
dat14$CYP2C19 <- ifelse(dat14$CYP2C19=='1*/3*',
                        '*1/*3', dat14$CYP2C19)
dat14$CYP2C19 <- ifelse(dat14$CYP2C19=='*2/*1',
                        '*1/*2', dat14$CYP2C19)
dat14$CYP2C19 <- ifelse(dat14$CYP2C19=='2*/3*',
                        '*2/*3', dat14$CYP2C19)
dat14$CYP2C19 <- ifelse(dat14$CYP2C19=='2*/2*',
                        '*2/*2', dat14$CYP2C19)
dat14$CYP2C19 <- ifelse(dat14$CYP2C19=='3*/3*',
                        '*3/*3', dat14$CYP2C19)
dat14$CYP2C19 <- ifelse(dat14$CYP2C19=='wild type',
                        '*1/*1', dat14$CYP2C19)

dat14$NoDzVV <- as.character(dat14$NoDzVV)
dat14$NoDzVV <- ifelse(dat14$NoDzVV=='1', '1VD', dat14$NoDzVV)
dat14$NoDzVV <- ifelse(dat14$NoDzVV=='2', '2VD', dat14$NoDzVV)
dat14$NoDzVV <- ifelse(dat14$NoDzVV=='3', '3VD', dat14$NoDzVV)
dat14$NoDzVV <- ifelse(dat14$NoDzVV=='4', 'insignificant', dat14$NoDzVV)
dat14$NoDzVV <- ifelse(dat14$NoDzVV=='NULL', NA, dat14$NoDzVV)
```

이 책에서는 ifelse()를 많이 사용했습니다. 이유는 ifelse() 함수가 직관적이고 단순해서 이해하기 쉽기 때문입니다. 초심자도 문서를 작성하듯이 코딩을 할 수 있다는 장점이 있습니다. 그러나 객체지향을 선호하는 사람들 입장에서는 다소 번거롭다고 생각할 수도 있습니다.

조건문을 ifelse()를 사용하지 않고 다음과 같이 코딩할 수 있습니다. 참고하시면 좋을 것 같습니다.

```
# 인덱스 벡터 활용 예
# 항상 잊지 말고 character로 바꾼다.
dat14$NoDzVV <- as.character(dat14$NoDzVV)
dat14$NoDzVV[dat14$NoDzVV == "1"] <- "1VD"
dat14$NoDzVV[dat14$NoDzVV == "2"] <- "2VD"
dat14$NoDzVV[dat14$NoDzVV == "3"] <- "3VD"
dat14$NoDzVV[dat14$NoDzVV == "4"] <- "insignificant"
dat14$NoDzVV[dat14$NoDzVV == "NULL"] <- NA

# dplyr 패키지의 case_when() 활용 예
# 문자형 -> 문자형
dat14$NoDzVV <- as.character(dat14$NoDzVV)
library(dplyr)
dat14$NoDzVV <- case_when(
dat14$NoDzVV == "1" ~ "1VD",
dat14$NoDzVV == "2" ~ "2VD",
dat14$NoDzVV == "3" ~ "3VD",
dat14$NoDzVV == "4" ~ "insignificant",
TRUE ~ NA_character_
)
# TRUE는 ifelse의 else에 해당
# 문자형으로 변환하는 경우의 NA를 NA_character_로 표시

# 문자형 -> 수치형
dat14$NoDzVV <- case_when(
dat14$NoDzVV == "1VD" ~ 1,
dat14$NoDzVV == "2VD" ~ 2,
dat14$NoDzVV == "3VD" ~ 3,
dat14$NoDzVV == "insignificant" ~ 4,
TRUE ~ NA_real_ #수치형으로 변환하는 경우의 NA
)
# 수치형으로 변환하는 경우의 NA를 NA_real_로 표시
```

2) 수치형 변수 정리

데이터 정제작업은 사실 데이터세트의 변수들을 하나하나 모두 들여다보는 것이라고 할 수 있습니다. 가령 좌심실구혈률(심장이 혈액을 짜주는 능력을 의미)을 의미하는 LVEF 변수는 문자형(혹은 요인형)으로 되어 있습니다. table() 함수로 내용을 살펴보면 '>7'이라는 값이 들어 있어 변수 전체가 문자형(혹은 요인형)으로 불러들여진 것 같습니다. 이런 경우에는 앞에서 소개한 ifelse() 함수를 이용하여 7로 치환한 다음 as.numeric()으로 수치형 변수로 변환할 수 있습니다.

```
summary(dat14$LVEF)
```

```
## Length     Class      Mode
##     12449 character character
```

```
## 요인형일 경우에는 모든 level의 값이 출력되며 맨 처음에 '>7'이라는 값이 출력되는 것을 확인할 수 있음
table(dat14$LVEF, useNA = "always")
```

예제 데이터세트에는 없지만 몇 가지 비슷한 예를 살펴보겠습니다. 어떤 데이터세트에서 키를 의미하는 Height 변수를 살펴보니 마찬가지로 문자형으로 되어 있어 table() 함수로 확인해보니 'Unknown', 'unknown'과 같은 값이 입력된 것을 알 수 있었습니다[그림 2-10]. ifelse()를 이용하여 NA로 치환한 다음에 Height 변수를 as.numeric()으로 수치형 변수로 바꿔주었습니다.

```
(이전 생략)
179.1   179.2   179.3   179.4   179.5   179.7   179.8     180   180.1   180.2   180.3
    3       1       3       4       1       2       1      75       1       1       2
180.6   180.8     181   181.3   181.8   181.9     182   182.2   182.9     183   183.2
    1       1      30       1       1       1      16       1       1      23       1
183.5     184   184.3     185   185.3   185.4     186     187     188     189     190
    2       8       1       7       1       1       5       2       2       1       4
  192 unknown Unknown    <NA>
    1      56       1      77
```

[그림 2-10] 다른 데이터세트의 Height(키) 변수에 입력된 값 예시

```
# 예시 코드 1
class(example$Height) # 데이터 타입 확인
table(example$Height, useNA = "always") # 데이터 내용 확인
# ifelse()를 사용하여 데이터 변환
example$Height <- ifelse(example$Height=="unknown", NA,
                         ifelse(example$Height=="Unknown", NA,
                                example$Height))
# as.numeric()를 사용하여 수치형 변수로 변환
example$Height <- as.numeric(example$Heigh)
summary(example$Height) # 데이터 확인
```

그 밖에도 '2, 310'과 같이 쉼표(,)로 인해 수치형 데이터가 문자형 데이터로 잘못 처리되는 경우도 있고, 0이나 음수처럼 검사에 따라 전혀 나올 수 없는 값들이 입력된 경우도 있습니다. 상상도 못한 경우가 있을 수 있으므로 이런 식으로 변수들을 하나씩 확인하면서 데이터를 정리해야 합니다.

```
# 예시 코드 2
# 수치형 변수의 입력값의 범위를 확인하여 이상한 outlier를 확인하고 Raw 데이터를 확인
# 아래의 코드는 0 이하가 나올 수 없는 검사결과(VERI_PRU)에서 0 이하의 값을 NA로 변환하여 처리함
example$VERI_PRU <- ifelse(example$VERI_PRU <= 0, NA,
                           example$VERI_PRU)
```

3) 레벨 정리 (droplevels)

데이터를 정리하다 보면 카테고리 항목이 줄어들게 됩니다. 지금 다루고 있는 데이터 세트는 아니지만 가령 다음 [그림 2-11]을 보면, 가장 왼쪽의 Hospital_P 는 NA가 0건으로 모든 케이스에서 데이터가 전부 입력된 경우입니다. 그런데 가장 오른쪽에 있는 Hospital_T는 NA가 654건으로 CV_DEATH에 대한 자료가 아예 입력되지 않은 경우로, 앞서 언급한 대로 CV_DEATH에 대한 자료의 재검토를 요청해야 한다고 추정해볼 수 있습니다. 그렇다면 Hospital_S의 경우는 어떨까요? Hospital_S는 0, 1과 같은 입력값도 없고 NA도 없습니다. 데이터를 정리하다 보면 어떤 변수에서 실제값은 없어졌

는데 그 껍데기는 남는 경우가 간혹 발생할 수 있습니다. 다시 말하면, 데이터를 정리하다 보니 Hospital_S에 해당하는 건이 전부 삭제되고 Hosp 변수에 Hospital_S라는 깡통만 남은 것입니다.

```
     Hospital_P Hospital_Q Hospital_R Hospital_S Hospital_T
0           113        128        207          0          0
1             0         34          2          0          0
<NA>          0       2269          0          0        654
```

[그림 2-11] 다른 데이터세트에서 기관별 CV_DEATH 데이터 출력 결과 일부 (useNA = 'always')

이런 경우에는 Hosp 변수에 Hospital_S가 더 이상 유효한 레벨(level)/요인(factor)이 아니라고 재설정해주어야 합니다. 재설정을 해줄 때는 droplevels() 함수를 사용해도 되고, 데이터를 저장했다가 다시 불러와도 됩니다. 저장했다가 다시 불러오는 과정에서 유효하지 않은 레벨이 정리됩니다. 아래 코드는 Hosp 변수의 레벨을 droplevels() 함수를 사용하여 정리한 예시입니다.

```
# 예시 코드
# Hosp 변수의 유효하지 않은 레벨 삭제
example$Hosp <- droplevels(example$Hosp)
```

유효하지 않은 레벨이 없는 경우에는 에러가 발생합니다. 처음부터 지금까지 저장하지 않고 계속한 경우에 발생할 수 있는 사례로서, 중간에 저장했다가 다시 불러온 경우에는 앞서 언급한 대로 유효하지 않은 레벨이 저절로 삭제되어 에러가 발생할 수 있습니다. 다만, 데이터 처리 및 분석에 영향이 별로 없으므로 크게 신경 쓰지 않아도 됩니다.

4) NA(결측값) 처리

결측값 처리는 분석에서 굉장히 중요한 부분이며, 하나의 학문 분야라고도 할 수 있는 어려운 부분입니다. 데이터를 정리할 때 가지고 있는 데이터세트에 결측값이 어느 정도 있는지 파악하는 것은 기본 중의 기본이라고 할 수 있으며, 개인적으로는 Excel에서 변수를 하나하나 뜯어봐야 한다고 생각합니다. 이번 예제에서는 NA값에 대한 기본적인 탐색 방법을 알아보겠습니다.

(1) VIM 패키지

VIM 패키지는 결측값을 시각화하는 대표적인 패키지입니다. 예시를 위해 데이터세트를 두 번째 열에서 스무 번째 열까지 추출해 확인해보았습니다.

```
# dat14를 dat15로 복사
dat15 <- dat14

# VIM 패키지를 이전에 인스톨하지 않았다면 install.packages()를 사용하여 먼저 인스톨
require(VIM) # VIM 패키지 로딩
# 데이터세트 dat15의 2~20열을 추출하여 dat15.1로 할당
dat15.1 <- dat15[, c(2:20)]
# :: 는 VIM 패키지에 있는 aggr() 함수를 사용한다는 의미
VIM::aggr(dat15.1, prop = F, numbers = T)
```

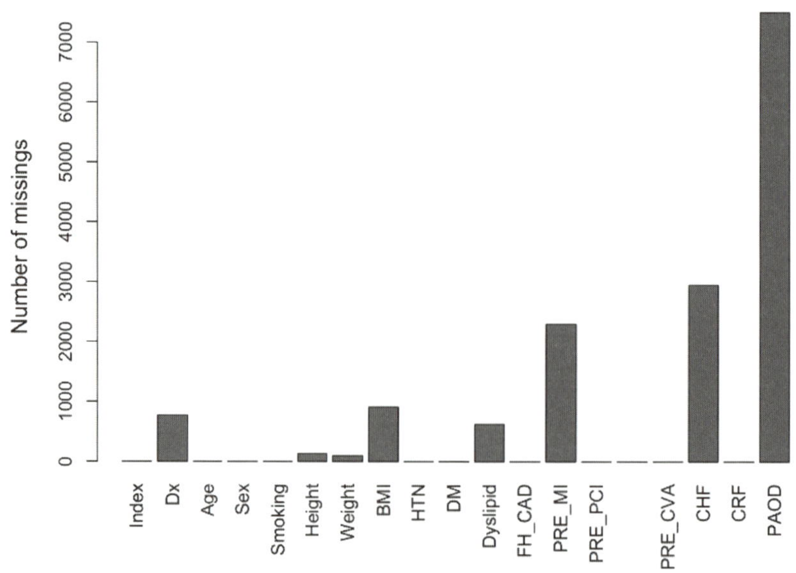

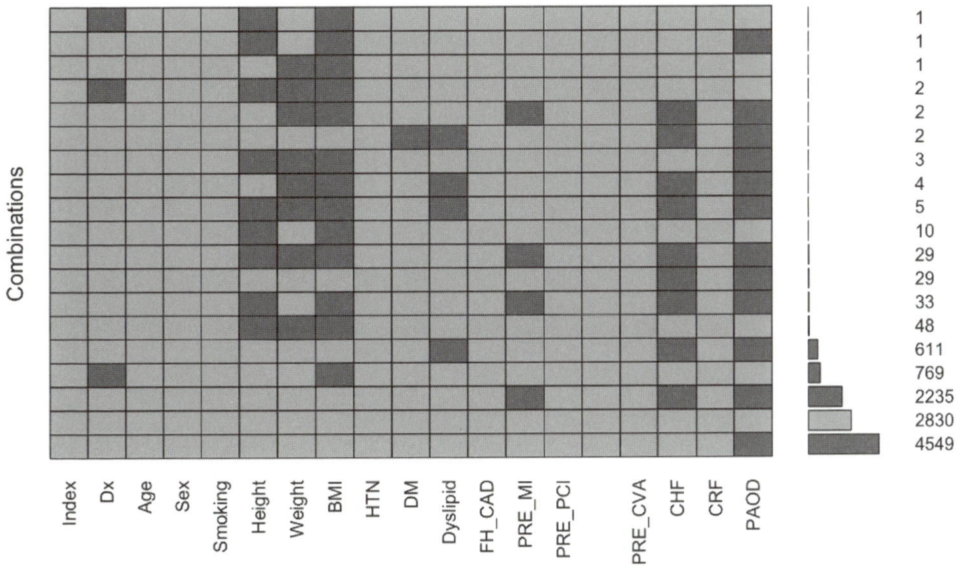

[그림 2-12] VIM 패키지의 aggr() 함수 수행 결과

(2) NA값이 많은 변수의 확인

변수별로 is.na() 함수로 NA 여부를 파악하여 행의 개수를 sum() 함수로 계산하여 na.count라는 새로운 변수를 만들었습니다. na.count가 1만 개 이상인 변수들을 확인해보았습니다.

```
# apply() 함수를 사용하여 sum(is.na(x))를 열별로 적용
na.count=apply(dat15,2,function(x) sum(is.na(x)))

# na.count가 10000개 초과인 변수 출력
na.count[na.count>10000]
```

```
        STENT2      STENT2_DIA      STENT2_LEN            STENT3
         10172           10172           10172             11076
    STENT3_DIA      STENT3_LEN          STENT4        STENT4_DIA
         11076           11076           11155             11155
    STENT4_LEN        STENT2.1    STENT2_DIA.1      STENT2_LEN.1
         11155           10974           10974             10974
      STENT3.1    STENT3_DIA.1    STENT3_LEN.1          STENT4.1
         11158           11158           11158             11164
  STENT4_DIA.1    STENT4_LEN.1      LESION_0.2  LESION_VESSEL.2
         11164           11164           10608             10609
```

```
     STENT1.2    STENT1_DIA.2  STENT1_LEN.2         STENT2.2
        10680           10680         10680            11112
 STENT2_DIA.2    STENT2_LEN.2      STENT3.2     STENT3_DIA.2
        11112           11112         11163            11163
 STENT3_LEN.2        STENT4.2  STENT4_DIA.2     STENT4_LEN.2
        11163           11164         11164            11164
   LESION_0.3  LESION_VESSEL.3     STENT1.3     STENT1_DIA.3
        11034           11052         11080            11080
 STENT1_LEN.3        STENT2.3  STENT2_DIA.3     STENT2_LEN.3
        11080           11154         11154            11154
     STENT3.3    STENT3_DIA.3  STENT3_LEN.3         STENT4.3
        11164           11164         11164            11164
 STENT4_DIA.3    STENT4_LEN.3    DEATH_DATE          MI_DATE
        11164           11164         10812            10536
      ST_DATE        CVA_DATE      CVA_TYPE          RR_DATE
        11120           10911         10706            10511
```

데이터를 살펴보면 스텐트(시술)에 대한 변수들과 DEATH_DATE와 같은 추적관찰기간 동안 발생한 사건에 대한 변수들에서 결측값이 엄청 많다는 것을 확인할 수 있습니다. 사실 시술이나 발생한 사건에 대한 정보는 보통 실제로 시술이 이루어지거나 사건이 발생하면 데이터를 입력하기 때문에 시술을 하지 않거나 사건이 발생하지 않으면 결측값으로 두게 되는 경우가 흔합니다.

TOTAL_RR(repeat revascularization, 재시술) 데이터를 검토해보겠습니다.

```
table(dat15$TOTAL_RR, dat15$Hosp, useNA = "always")
```

```
     Hospital_A Hospital_B Hospital_C Hospital_D Hospital_E
0           673       2167       1770          0          0
1            27        132        129          0          0
<NA>          0          0          0        772        266

     Hospital_F Hospital_G Hospital_H Hospital_I       <NA>
0           278          0        559       1687          0
1            32          5         92        155          0
<NA>          3       2417          0          0          0
```

Hospital_D나 Hospital_E는 앞서 언급한 것처럼 TOTAL_RR에 대한 데이터를 입력하지 않은 것으로 추측됩니다. Hospital_G는 '1'만 5건이고 나머지는 모두 NA로 되어 있습니다. Hospital_G의 연구자가 TOTAL_RR이 발생한 케이스만 입력한 것일 수 있습니다. 그러면 NA를 '0'으로 처리해야 합니다. 이 경우에는 is.na()와 ifelse()를 사용하여 아래와 같이 처리할 수 있습니다. 내용을 풀이하면 TOTAL_RR의 값이 NA인지를 is.na()로 확인하여 NA가 아닐(!는 '아니다'를 의미하는 연산자) 경우에는 TOTAL_RR을 그대로 유지하고, NA일 경우는 0으로 치환한다는 것입니다. 그리고 다시 확인해보면 NA가 모두 0으로 치환된 것을 알 수 있습니다.

```
# 0으로 대체
dat15$TOTAL_RR <- ifelse(!is.na(dat15$TOTAL_RR), dat15$TOTAL_RR, 0)
```

다른 방법으로 is.na()를 이용하여 다음과 같이 NA를 0으로 바꿔주는 함수를 만들어서 사용할 수도 있습니다. (출처: https://rstudio-pubs-static.s3.amazonaws.com/253966_45c2fab0688d441caf61881f09c5a36d.html)

```
# NA를 0으로 바꿔주는 함수
# 응용해서 다른 값으로 바꾸는 함수를 만들 수도 있습니다.
repNA=function(x){x[is.na(x)]=0;x}

# 결측값 0 처리
dat15$Total_RR = repNA(dat15$Total_RR)
```

하지만 Hospital_G의 발생건수는 다른 기관에 비해 발생비율이 너무 낮습니다. 아마도 데이터가 제대로 입력되지 않은 것으로 추측되며, Hospital_D나 Hospital_E와 마찬가지로 데이터에 대해 다시 검토 요청을 하는 게 마땅하다고 생각합니다.

2-5 변수 새로 만들기

1) 수치형 → 카테고리형

증례기록서를 살펴보면, 전체적인 데이터(변수들의 합계에 대한 변수 등)와 하위의 세부적인 데이터를 각각 수집하도록 되어 있는 경우가 많습니다. 이러한 경우 증례기록서만 훑어보더라도 데이터를 어느 정도 쉽게 파악할 수 있다는 장점도 있지만, 데이터가 서로 상이하다면 데이터 측면에서 일관성이 저해될 수 있습니다.

예제를 살펴보기 전에 먼저 데이터에 대한 임상적인 배경지식을 간단하게 설명하겠습니다. 심혈관질환은 심장에 혈액을 공급하는 관상동맥이라는 혈관에 문제가 생기는 질환입니다. 관상동맥은 심장을 기준으로 좌우에 하나씩 있는데, 우측으로 주행하는 혈관을 우관상동맥(right coronary artery, RCA)이라고 하고, 좌측으로 주행하는 혈관을 좌관상동맥(left coronary artery, LCA)이라고 합니다. 좌관상동맥은 대동맥에서 나와서 크게 두세 갈래로 갈라져 주행하는데, 갈라지기 전까지를 좌주관지(left main coronary artery, LM)라고 하고, 갈라진 혈관을 각각 좌전하행지(left anterior descending artery, LAD), 좌회선지(left circumflex artery, LCX), 중간가지분지(ramus intermedius, RAMUS)라고 합니다. 결론적으로 관상동맥을 혈관의 주행방향 및 구간에 따라 크게 4개의 혈관으로 나눕니다. 병이 있는 관상동맥의 개수에 따라 1-vessel disease(단일 혈관질환), 2-vessel disease, 3-vessel disease 등으로 부르며 심혈관질환 중증도에 대한 일종의 지표로 활용합니다.

분석에 앞서 항상 분석하고자 하는 변수의 속성[class() 함수]과 내용[table() 함수]을 확인해야 한다는 점을 다시 한 번 강조드립니다. 해당 혈관의 질환 유무(LAD_YM, LCX_YN, RCA_YN, LM_YN, RAMUS_YN)를 보면 NA값이 773건 혹은 1,424건이 있습니다. 그런데 질환이 있는 혈관의 개수에 해당하는 변수인 NoDzVV(Number of diseased vessels)는 원래 약속했던 항목인 1,2,3,4는 없고, 1VD, 2VD, 3VD, insignificant와 같은 엉뚱한 데이터가 많으며, 게다가 NA값의 개수도 6,404개나 됩니다. 결국 각 기관에 데이터를 다시 검토해달라고 요청해서 모으는 것이 제일 좋은 방법이긴 하지만 현실적으로 얻을 수 있는 정보에 비해 시간과 노력이 많이 듭니다. 따라서 LAD_YM, LCX_YN, RCA_YN, LM_YN, RAMUS_YN 정보를 토대로 NoDzVV

를 재정의하는 것이 효율적일 수 있습니다. 혹자는 NoDzVV의 원본 데이터는 그대로 놔두고 각 연구자가 연구 목적에 따라 가장 좋은 데이터를 사용하도록 하는 것이 더 바람직하다고 생각할 수도 있습니다. 하지만 그렇게 하면, 동일한 데이터세트로 분석한 연구의 결과가 서로 다르게 나올 수도 있습니다. 이는 결측치에 따른 자료의 편향, 각각의 연구에서 사용한 조작적 정의의 차이 등 다른 여러 가지 이유 때문일 수도 있지만, 동일한 데이터세트에서 서로 다른 연구 결과가 나오는 것은 마땅히 피해야 합니다. 따라서 데이터를 공개하거나 실질적인 분석을 시작하기 전에 연구자들이 모여서 데이터의 불확실성을 줄이고 일관성을 높이는 방안을 충분히 상의하여 정리하는 것이 중요합니다. 그런 다음 자료 정리가 끝나면 더 이상 수정이나 변경을 하지 못하게 잠가야 합니다.

본 예제는 LAD_YM, LCX_YN, RCA_YN, LM_YN 변수를 가지고 NoDzVV 변수를 재정의하는 과정입니다. LAD_YM, LCX_YN, RCA_YN, LM_YN 변수가 1, 0으로 이루어졌다면, NoDzVV 변수는 LAD_YM, LCX_YN, RCA_YN, LM_YN 변수의 합이라고 생각할 수 있습니다.

NoDzVV 변수를 재정의하기 위해 LAD_YM, LCX_YN, RCA_YN, LM_YN 변수의 타입을 수치형으로 변환하였습니다. NA가 있으면 연산이 되지 않기 때문에 LAD_YM, LCX_YN, RCA_YN, LM_YN 변수의 값이 NA일 경우 0으로 치환했습니다.

이 상태에서 NoDzVV 변수를 LAD_YM, LCX_YN, RCA_YN, LM_YN 변수의 합으로 새로 만든다면, LAD_YM, LCX_YN, RCA_YN, LM_YN 변수가 모두 NA일 경우도 0의 값을 가져서 결측인 케이스와 구분이 되지 않습니다. 따라서 LAD_YM, LCX_YN, RCA_YN, LM_YN 변수의 값을 0으로 치환하기 전에 LAD_YM, LCX_YN, RCA_YN, LM_YN 변수가 모두 NA일 경우를 1, 나머지 경우(한 혈관이라도 데이터가 있는 경우)를 0으로 할당한 VV.NA라는 새로운 변수를 만들었습니다.

LAD_YM, LCX_YN, RCA_YN, LM_YN 변수의 값이 NA일 경우 0으로 치환한 다음, VV.NA값이 1인 케이스는 다시 NA로 치환합니다.

LAD_YM, LCX_YN, RCA_YN, LM_YN 변수의 합인 새로운 NoDzVV1 변수를 생성합니다. LAD_YM, LCX_YN, RCA_YN, LM_YN 변수의 값이 모두 NA인 경우에는 새로운 NoDzVV1 변수의 값도 NA입니다.

NoDzVV를 NoDzVV1으로 업데이트한 다음, 이제 불필요한 파생변수인 NoDz VV1, VV.NA를 삭제합니다.

> **Keypoint**
>
> ① 연산할 변수를 수치형으로 변환한다.
>
> ② 연산에 필요한 모든 변수가 NA인 케이스를 추후 연산에서 배제하기 위한 변수를 만든다.
>
> ③ 모든 변수가 NA인 케이스를 제외하고 NA를 0으로 치환한다.

```
# Data 확인 (실행 결과는 생략함)
class(dat15$LAD_YN);class(dat15$LCX_YN);class(dat15$RCA_YN)
class(dat15$LM_YN);class(dat15$RAMUS_YN);class(dat15$NoDzVV)
table(dat15$LAD_YN, useNA = "always")
table(dat15$LCX_YN, useNA = "always")
table(dat15$RCA_YN, useNA = "always")
table(dat15$LM_YN, useNA = "always")
table(dat15$RAMUS_YN, useNA = "always")
table(dat15$NoDzVV, useNA = "always")

# 수치형으로 변환
dat15$LAD_YN <- as.numeric(dat15$LAD_YN)
dat15$LCX_YN <- as.numeric(dat15$LCX_YN)
dat15$RCA_YN <- as.numeric(dat15$RCA_YN)
dat15$LM_YN <- as.numeric(dat15$LM_YN)
dat15$RAMUS_YN <- as.numeric(dat15$RAMUS_YN)

# VV.NA : LAD_YN, LCX_YN, RCA_YN, LM_YN, RAMUS_YN 모두 NA이면 1
dat15$VV.NA <- ifelse(is.na(dat15$LAD_YN) & is.na(dat15$LCX_YN) &
                      is.na(dat15$RCA_YN) & is.na(dat15$LM_YN) &
                      is.na(dat15$RAMUS_YN), 1,0)

# 연산할 변수의 값이 NA인 경우 0으로 치환
dat15$LAD_YN <- ifelse(!is.na(dat15$LAD_YN), dat15$LAD_YN, 0)
dat15$LCX_YN <- ifelse(!is.na(dat15$LCX_YN), dat15$LCX_YN, 0)
dat15$RCA_YN <- ifelse(!is.na(dat15$RCA_YN), dat15$RCA_YN, 0)
dat15$LM_YN <- ifelse(!is.na(dat15$LM_YN), dat15$LM_YN, 0)
dat15$RAMUS_YN <- ifelse(!is.na(dat15$RAMUS_YN), dat15$RAMUS_YN, 0)
```

```
# VV.NA가 1(즉, LAD_YN, LCX_YN, RCA_YN, LM_YN, RAMUS_YN이 모두 결측)인 경우, 다시 NA로 치환
dat15$LAD_YN <- ifelse(dat15$VV.NA == 1, NA, dat15$LAD_YN)
dat15$LCX_YN <- ifelse(dat15$VV.NA == 1, NA, dat15$LCX_YN)
dat15$RCA_YN <- ifelse(dat15$VV.NA == 1, NA, dat15$RCA_YN)
dat15$LM_YN <- ifelse(dat15$VV.NA == 1, NA, dat15$LM_YN)
dat15$RAMUS_YN <- ifelse(dat15$VV.NA == 1, NA, dat15$RAMUS_YN)

# 계획했던 연산을 수행하여 새로운 변수에 할당
dat15$NoDzVV1 <- dat15$LAD_YN + dat15$LCX_YN + dat15$RCA_YN
                 + dat15$LM_YN + dat15$RAMUS_YN

## 결과 확인, 실행 결과 아래에 출력
table(dat15$NoDzVV1, useNA = "always")
```

```
  0    1    2   3  4 5 <NA>
417 6880 2233 787 72 2  773
```

```
## NoDzVV 업데이트
dat15$NoDzVV <- dat15$NoDzVV1

# 더이상 불필요한 파생변수 삭제
dat15$NoDzVV1 <- NULL; dat15$VV.NA <- NULL
```

2) 문자형 변수의 조합 및 연산

names() 함수를 통해 변수의 이름과 가짓수를 확인해보면 본 연구 데이터는 134개의 변수를 가지고 있습니다. 변수의 이름들을 보면 같은 패턴이 반복되는 변수들이 있다는 것을 알 수 있습니다. 이는 데이터의 구조가 테이블 안에 테이블을 가지고 있는 것일 수 있으며, 이런 경우는 2개 이상의 테이블을 합치는 과정에서 발생할 수 있습니다. long form으로 되어 있는 테이블을 wide form의 테이블과 합치면 long form 테이블의 항목으로 관리하던 값들이 wide form 테이블에서 변수로 되면서 변수의 수가 늘어나고 변수 내에서 NA의 비중이 늘어나게 됩니다[그림 2-13].

환자정보 테이블 (Long form)

Index	환자 번호	성별	진단명
101	09342434	남	안정형 협심증
102	10334343	여	불안정형 협심증

+

시술 정보 테이블 (Long form)

Index	환자 번호	시술 날짜	병변혈관	병변부위	스텐트직경
345	09342434	2015-03-08	좌전하행지	기시부	3.5
346	09342434	2015-03-08	우관상동맥	중간부	4.0
347	10334343	2015-03-10	좌회선지	말단부	2.5
348	09342434	2015-03-11	좌전하행지	기시부	3.5

Index	환자 번호	성별	진단명	시술 정보				
				환자 번호	시술 날짜	병변혈관	병변부위	스텐트직경
101	09342434	남	안정형 협심증	09342434	2015-03-08	좌전하행지	기시부	3.5
				09342434	2015-03-08	우관상동맥	중간부	4.0
				09342434	2015-03-11	좌전하행지	기시부	3.5
				환자 번호	시술 날짜	병변혈관	병변부위	스텐트직경
102	10334343	여	불안정형 협심증	10334343	2015-03-10	좌회선지	말단부	2.5

최종 테이블 (Wide form)

Index	환자 번호	성별	진단명	시술 날짜	병변혈관	병변부위	스텐트직경	병변혈관2
101	09342434	남	안정형 협심증	2015-03-08	좌전하행지	기시부	3.5	우관상동맥
102	10334343	여	불안정형 협심증	2015-03-10	좌전하행지	기시부	3.5	NA

병변부위2	스텐트직경2	시술 날짜2	병변혈관3	병변부위3	스텐트직경3
중간부	4.0	2015-03-11	좌전하행지	기시부	3.5
NA	NA	NA	NA	NA	NA

[그림 2-13] Long form 데이터세트 2개를 Wide form 데이터세트로 합치는 경우 예시

대부분의 경우, 분석할 데이터세트는 wide form 형태로 제공됩니다. [그림 2-13]에서 볼 수 있듯이 데이터세트를 조합하는 과정에서 컬럼(열, 변수)의 수가 기하급수적으로 증가하고 더불어 NA(결측값)도 늘어나게 됩니다. 데이터를 정리하는 과정에는 분석이 용이하도록 데이터를 합치거나 조작하여 불필요한 컬럼을 줄이고 새로운 변수를 생성하는 과정이 포함됩니다.

예제 데이터세트의 관상동맥 스텐트 삽입술에 대한 정보를 살펴보면 'Targetlesion(시술한 병변의 혈관 부위 종합)', 'TotalNoST(삽입 스텐트의 총개수)'와 같이 시술에 대한 종합적인 변수들과 'LESION(시술한 병변에 대한 Index)', 'LESION_VESSEL(시술한 병변의 혈관 부위)', 'STENT1(첫 번째 스텐트의 이름)', 'STENT1_DIA[첫 번째 스텐트 직경(diameter)]', 'STENT1_LEN(첫 번째 스텐트 길이)'을 기본으로 하는 구체적인 세부 변수들로 이루어진 변수 구성 체계를 가지고 있습니다. 특히 세부 변수들은 한 병변에 여러 개의 스텐트를 삽입할 수 있기 때문에 스텐트 정보를 4개까지 입력할 수 있도록 되어 있고, 시술 병변에 대해서도 한 환자가 여러 혈관의 병변을 시술할 수 있다는 것을 고려하여 4개까지 입력할 수 있도록 구성되어 있습니다. 이렇게 예제 데이터세트는 관상동맥 스텐트 삽입술에 대해서 종합적인 변수 2개, 세부 변수 56개로 구성되어 있습니다. 당연하겠지만, 실제로는 이외에도 수많은 변수가 있습니다.

이 책에서 예제로 삼은 연구의 목적은 환자의 혈소판 기능과 유전자형이 관상동맥 스텐트 삽입술을 받은 이후에 환자 예후에 미치는 영향을 분석해보는 것입니다. 연구 목적을 고려했을 때 전체 데이터세트에서 관상동맥 스텐트 삽입술에 관한 변수가 차지하는 비중이 다소 높은 느낌입니다. 더욱이 대부분의 환자가 1-2개 병변에 1-2개의 스텐트를 삽입한다는 것을 고려할 때 일부 변수들은 NA의 비중도 매우 높고 비효율적이라고 할 수 있습니다. 사실, 증례기록서를 만들 때 연구의 목적에 맞게 새로이 구성하기보다는 수집이나 분석 시의 익숙함 등을 이유로 기존의 증례기록서를 그대로 차용하는 경우가 많습니다. 이처럼 몇 가지 증례기록서를 참고하다 보면 종합적인 변수들과 하위의 세부적인 변수들이 모두 포함되게 되는데, 이때 데이터를 서로 일치하지 않게 입력하거나 입력 시 선호도에 따라 결측의 편향이 발생하는 등 데이터의 일관성이 훼손될 수 있습니다.

본 예제 데이터에는 총 16개의 스텐트 정보를 free text 형태로 입력하도록 되어 있습니다. 이 정보를 모두 한 변수에 합치고 'Targetlesion(시술한 병변의 혈관 부위 종합)', 'TotalNoST(삽입 스텐트의 총개수)', 'TotalSTL(삽입 스텐트 길이의 총합)', 'MinSTD(삽입 스텐트 중 가장 작은 직경)'와 같은 종합적인 변수들을 재정비하는 작업을 해보겠습니다.

애초에 스텐트 정보는 STENT1, STENT1.1, STENT1.2 등 10개가 넘는 변수들에 각각 하나씩 입력하기로 정했었습니다. 그런데 데이터를 살펴보니 일부는 하나의 변수에 여러 개의 스텐트를 입력한 것을 알 수 있습니다.

BJ	BK	BO	CF	CW	CZ	DC
LESION_0	LESION_VE	STENT1	STENT1.1	STENT1.2	STENT2.2	STENT3.2
1	pLAD	Cypher ,Cypher,Cypher				
1	PMD-LAD	Cypher ,Cypher, Endeavor				
1	mdRCA	Cypher ,Cypher				
1	mdRCA	Cypher ,Cypher				
1	mdLCx	Cypher ,Cypher				
1	mLAD	Cypher ,Cypher				
1	LAD	Cypher	Cypher			
1	LAD	Cypher	Cypher			
1	LAD	Cypher	Cypher			
1	LAD	Cypher	Cypher	Cypher	Cypher	
1	LAD	Cypher	Cypher			

[그림 2-14] 다양한 방식으로 입력된 데이터(스텐트) 예시

[그림 2-14]를 보면 윗부분은 STENT1 컬럼(열, 변수)에 스텐트 정보를 합쳐서 입력하였습니다. Cypher, Endeavor라는 스텐트 이름을 쉼표로 구분하여 입력했는데, 자세히 살펴보면 띄어쓰기가 제각각인 것을 알 수 있습니다. 아랫부분은 STENT1, STENT1.1, STENT1.2, STETNT2.2와 같은 세부 컬럼에 개별적으로 입력된 경우입니다. STENT1 컬럼 앞에 있는 LESION_VESSEL 컬럼의 입력값을 보면 마찬가지로 윗부분은 다양한 방식으로 입력된 것을 확인할 수 있습니다. 이처럼 연구를 기획하고 데이터를 수집하는 딘계에서 데이터 입력방식에 대해 구체적인 기준을 정해놓지 않거나, 권고한 입력방식 이외의 방식으로 입력하면 나중에 수집된 데이터를 정리하기 어렵습니다.

(1) 문자형 데이터 합치기

문자형 데이터(데이터 타입을 확인하면 문자형이 아닐 수도 있음)를 합쳐서 새로운 변수(STENT_Total)로 정리해보겠습니다. 정리 단계는 아래와 같습니다.

> **Keypoint**
>
> ① **문자형 데이터로 변환:** lapply() 함수를 사용해 스텐트 이름이 들어 있는 변수들을 문자형 데이터로 변환시킨다.
>
> ② **문자열 합치기:** paste() 함수를 사용해 여러 열(변수)을 새로운 변수(STENT_Total)에 붙여넣는다.
>
> ③ **문자열 정리하기:** gsub() 함수, tolower() 함수, 정규표현식 등을 사용해 문자열을 정리한다.

각 단계에 대해 좀 더 자세히 살펴보겠습니다.

① 문자형 데이터로 변환

```
# 데이터세트를 dat16으로 복사
dat16 <- dat15

# 데이터 타입을 문자형으로 변환 (개별 변수를 하나씩 변환할 때)
dat$16STENT1 <- as.character(dat$16STENT1)

# 데이터 타입을 문자형으로 변환 (여러 변수를 한꺼번에 변환할 때)
# 변환할 변수들 이름을 STENT_Names 벡터에 할당
STENT_Names <- c("STENT1", "STENT2", "STENT3", "STENT4", "STENT1.1",
"STENT2.1", "STENT3.1", "STENT4.1", "STENT1.2", "STENT2.2", "STENT3.2",
"STENT4.2", "STENT1.3", "STENT2.3", "STENT3.3", "STENT4.3")

# lapply를 활용하여 일괄적으로 문자형으로 변환
dat16[, STENT_Names] = lapply(dat16[, STENT_Names], as.character)
```

여러 변수를 문자형으로 바꾸기 위해서 as.character()를 개별 변수마다 일일이 적용하는 코드를 만들어서 작업할 수도 있지만, 여러 개의 변수를 일괄적으로 문자형으로 변환하기 위해서는 lapply()를 사용하는 게 편리합니다.

lapply()는 list + apply를 뜻하는 것으로 앞서 기초편에서 설명한 대로 실행 결과가 리스트로 반환되는 함수입니다. 테이블 구조의 데이터프레임의 경우에는 리스트가 해당 컬럼(열)의 각 행으로 반환되기 때문에 선택한 변수들에 해당하는 열에 동일한 함수를 적용할 수 있습니다. apply() 함수에는 lapply()뿐만 아니라 tapply(), mapply(), sapply()와 같은 다양한 함수들이 있습니다. 모든 apply() 함수를 자유자재로 쓸 수 있으면 좋겠지만, lapply()만 알아도 데이터 처리를 하는 데 큰 도움이 됩니다.

> **y <- lapply(x, function, options…)**
> x라는 인자들을 받아서 필요한 처리(function)를 하여 y에 반환한다.

② 문자열 합치기

> **do.call(function, list)**
> 리스트를 개별 인자들로 분해한 다음 쓰려는 함수를 호출한다. lapply는 각 리스트 요소에 함수를 적용하는 반면, do.call은 함수의 인수로 리스트의 각 요소를 적용한다.

```
# 여러 열(변수)을 새로운 변수에 한꺼번에 붙여넣기
dat16$STENT_Total <- do.call(paste, c(dat16[,STENT_Names], sep=","))
```

③ 문자열 정리하기

> **gsub(pattern, replacement, x, …)**
> x라는 문자형 벡터에서 pattern에 해당하는 문자열을 찾아서 replacement 문자열로 치환한다.

```
# 문자열 정리
# NA, ".", ",", "/" 을 ","으로 치환
# pattern식은 뒤에 나오는 정규표현식 참조
dat16$STENT_Total <- gsub("NA|\\.|\\,\\s|\\s\\,|\\/|\\s{2,}|\\s$",
                          ",", dat16$STENT_Total)

# 1개 이상 ","을 "," 1개로 치환
dat16$STENT_Total <- gsub("\\,+|\\,\\s", ",", dat16$STENT_Total)
```

```
# 앞뒤의 ","을 제거(= ""(빈칸)으로 치환)
dat16$STENT_Total <- gsub("^\\,|\\,$", "", dat16$STENT_Total)

# 소문자로 변경
dat16$STENT_Total <- tolower(as.character(dat16$STENT_Total))

# 숫자로 정해놓은 카테고리를 다시 스텐트 이름으로 변환
# "기타" -> "other"
dat16$STENT_Total <- gsub("기타", "other", dat16$STENT_Total)
# "1" -> "biomatrix"
dat16$STENT_Total <- gsub("1", "biomatrix", dat16$STENT_Total)
# "2" -> "xience prime"
dat16$STENT_Total <- gsub("2", "xience prime", dat16$STENT_Total)
# "3" -> "xience"
dat16$STENT_Total <- gsub("3", "xience", dat16$STENT_Total)
# "4" -> "nobori"
dat16$STENT_Total <- gsub("4", "nobori", dat16$STENT_Total)
# "5" -> "endeavor resolute"
dat16$STENT_Total <- gsub("5", "endeavor resolute", dat16$STENT_Total)
# "6" -> "resolute integrity"
dat16$STENT_Total <- gsub("6", "resolute integrity", dat16$STENT_Total)
# "7" -> "promus element"
dat16$STENT_Total <- gsub("7", "promus element", dat16$STENT_Total)
# "8" -> "bms"
dat16$STENT_Total <- gsub("8", "bms", dat16$STENT_Total)
# "9" -> "cilotax"
dat16$STENT_Total <- gsub("9", "cilotax", dat16$STENT_Total)

### 데이터 확인
table(dat16$STENT_Total)
```

table() 함수를 사용하면 [그림 2-15]와 같이 깔끔하게 정리된 것을 확인할 수 있습니다. 이제 이 데이터를 활용하여 여러 가지 새로운 변수를 만들 수도 있습니다.

```
    endeavor resolute,endeavor resolute,endeavor resolute,endeavor r,endeavor r
                                                                              1
       endeavor resolute,endeavor resolute,endeavor resolute,endeavor resolute
                                                                              7
  endeavor resolute,endeavor resolute,endeavor resolute,endeavor resolute,nobori
                                                                              1
                                    endeavor resolute,endeavor resolute,promus
                                                                              1
           endeavor resolute,endeavor resolute,promus element,promus element
                                                                              1
                     endeavor resolute,endeavor resolute,resolute integrity
                                                                              1
                                            endeavor resolute,promus element
                                                                              1
                                                   endeavor resolute,xience
                                                                              1
```

[그림 2-15] 스텐트 변수들을 합치고 gsub()로 정리한 후 table() 함수로 조회한 결과의 일부

(2) TotalNoST 변수 새로 구하기

STENT_Total 변수를 이용하여 TotalNoST(삽입 스텐트의 총개수)에 대한 변수를 새로 만들어보겠습니다. 위의 [그림 2-15]에서 유추할 수 있듯이 STENT_Total 변수의 값에 쉼표(,)가 있는 경우(삽입 스텐트 개수가 2개 이상인 경우)에는 '쉼표 개수 + 1'이 삽입 스텐트의 총개수가 됩니다. 나머지 경우 중에서 STENT_Total 변수에 무슨 값이든 있다면 삽입 스텐트 개수는 1일 것이고, 그 이외의 경우는 삽입 스텐트 개수가 0일 것입니다. 이 로직으로 코드를 작성하겠습니다.

> **str_count(x, pattern)**
> x라는 문자형 벡터에서 pattern에 해당하는 문자열이 나오는 횟수를 반환한다.

> **str_extract(x, pattern)**
> x라는 문자형 벡터에서 pattern에 해당하는 문자열을 한 번 추출한다.

str_count() 함수와 str_extract() 함수를 사용해보겠습니다. 그러기 위해서는 stringr 패키지를 설치해야 합니다. str_count() 함수는 특정 문자열의 개수를 세는 함수이고, str_extract() 함수는 특정 문자열을 추출하는 함수입니다. str_count() 함수를 활

용해서 쉼표(,)의 개수를 파악하여 2개 이상의 스텐트가 입력된 케이스를 먼저 확인하여 ifelse()로 처리합니다. 나머지 케이스에 대해서 어떤 문자라도 입력되어 있다면 스텐트 정보가 있는 것이라고 가정하고, is.na(str_extract())를 활용하여 무슨 문자라도 적혀 있으면 삽입된 스텐트 개수로서 1을 반환하고, 아무것도 적혀 있지 않다면 삽입된 스텐트 개수로서 0을 할당하는 조건문을 작성하였습니다.

이렇게 삽입 스텐트의 총개수에 대해 TotalNoST2 변수로 만든 후 table() 함수로 검토했습니다.

```
# stringr 패키지가 없으면 install.package()로 먼저 인스톨해야 함
library(stringr)

# TotalNoST1 : STENT_Total 변수에 대해 "," 개수 반환
dat16$TotalNoST1 <- str_count(dat16$STENT_Total, ",")

# TotalNoST2
# TotalNoST1을 통해 2개 이상의 스텐트 삽입한 케이스 처리
# !is.na(str_extract())를 통해 입력사항이 있으면 1개로 처리, 없으면 0개로 처리
dat16$TotalNoST2 <- ifelse(dat16$TotalNoST1 >= 1,
                           dat16$TotalNoST1 + 1,
                           ifelse(!is.na(
                            str_extract(dat16$STENT_Total,"[:graph:]+")
                                     ), 1, 0))

# 필요 없는 파생변수(TotalNoST1) 삭제
dat16$TotalNoST1 <- NULL

# 변환 데이터 검토
# [결과] 0 -130건, NA - 6891건
table(dat16$TotalNoST, useNA = "always")
```

```
  0    1    2   3   4   5   6 <NA>
130 3668 1482 479 132  28   3 6891
```

```
# [결과] 0 -3442건, NA - 0건
table(dat16$TotalNoST2, useNA = "always")
```

```
   0    1    2   3   4  5  6 <NA>
3442 5902 2369 800 250 45  5    0
```

```
# STENT_Total, TotalNoST, TotalNoST2 변수(열) 추출
test <- dat16[, c("STENT_Total","TotalNoST","TotalNoST2")]

# TotalNoST2 == 0인데, TotalNoST가 NA가 아닌 경우 출력
# TotalNoST 변수만 입력하고, 세부 STENT 변수들은 입력하지 않은 경우
head(test[(!is.na(test$TotalNoST))&(test$TotalNoST2==0),], n=10)
```

```
    STENT_Total  TotalNoST  TotalNoST2
701                      2           0
702                      2           0
703                      1           0
704                      1           0
705                      2           0
706                      2           0
707                      1           0
708                      2           0
709                      1           0
710                      1           0
```

```
# TotalNoST가 NA인데, TotalNoST2 >= 1인 경우 출력
# TotalNoST 변수를 입력하지 않고, 세부 스텐트 변수들만 입력한 경우
head(test[(is.na(test$TotalNoST))&(test$TotalNoST2>=1),], n=10)
```

```
                                          STENT_Total  TotalNoST  TotalNoST2
1                     promus element,promus element         NA           2
2  promus element,promus element,promus element         NA           3
3             resolute integrity,resolute integrity         NA           2
4                                resolute integrity         NA           1
5                                    promus element         NA           1
6                                    promus element         NA           1
7                 resolute integrity,promus element         NA           2
8             resolute integrity,endeavor resolutes         NA           2
9  promus element,promus element,promus element         NA           3
10                               resolute integrity         NA           1
```

새로 만든 TotalNoST2 변수와 기존의 TotalNoST 변수를 비교하면, 기존 TotalNoST 변수는 NA가 6,891건 있는데 새로 만든 TotalNoST2 변수에는 NA가 없습니다. 하지만 이러한 차이를 근거로 둘 중에 어느 하나가 옳다고 할 수 없습니다. 어떤 기관에서는 TotalNoST 변수를 입력하고 세부 스텐트 변수들을 입력하지 않았을 수 있고, 다른 기관에서는 TotalNoST 변수를 입력하지 않고 세부 스텐트 변수를 입력했을 수도 있기 때문입니다. TotalNoST 변수와 TotalNoST2 변수에 서로 다른 값이 입력된 경우도 있습니다. 논리적으로 당연히 일치해야 하는 값이 서로 다른 경우, 왜 그런지 그 이유를 잘 생각해봐야 합니다. 그런 다음 결국 해당 기관에 문의하여 데이터를 정확하게 확인하는 작업이 필요합니다.

3) 정규표현식

앞에 나온 코드 gsub("NA|\\.|\\,\\s|\\s\\,|\\/|\\s{2,}|\\s$", ",", dat16$STENT_Total)를 살펴보면 \\.,\\s, \\s$ 등의 표현이 있습니다. 이는 특수문자나 특정 문자열을 표현하는 일종의 약속된 방식으로 정규표현식(regular expression)이라고 합니다. 정규표현식은 문자열을 다룰 때 매우 유용하게 사용할 수 있으며, 문자열을 다루는 대부분의 함수에는 정규표현식을 활용할 수 있습니다.

정규표현식을 쓸 수 있는 함수의 기능과 사용 예시를 간략히 정리해보았습니다.

[표 2-2] 정규표현식을 사용할 수 있는 함수들

함수명	기능	예시 〉결과
str_detect(x, pattern)	문자열 pattern 존재 유무를 참,거짓으로 반환	str_detect("abcd", "bc") 〉TRUE
str_extract(x, pattern)	문자열 pattern에 매칭된 문자열 추출	str_extract("abcd", "bc") 〉"bc"
str_replace_all(x, pattern, replacement)	문자열 pattern에 매칭된 문자열을 모두 문자열 replacement로 치환	str_replace_all("abab", "b", "c") 〉"acac"
strsplit(x, split, fixed = FALSE)	문자열 x를 문자열 split을 기준으로 분리	strsplit("a.b", "[.]") 〉"a" "b"
grep(pattern, x, ignore.case = FALSE, fixed = FALSE)	문자열 x에 매칭된 문자열 pattern의 인덱스 반환	grep("bc", c("a", "abcd", "abd")) 〉2
gsub(pattern, replacement, x, ignore.case = FALSE, fixed = FALSE)	문자열 x에 문자열 pattern을 문자열 replacement로 치환	gsub("b", "c", "abab") 〉"acac"

참고 1 문자열 함수들에서 알아두면 유용한 옵션

fixed = 혹은 fixed(x) : 정규식 패턴 무시

ignore_case = 혹은 ignore.case(x) : 패턴에서 대소문자 무시

참고 2 str_replace_all()과 동일한 기능의 gsub()을 비교해보면 str_replace_all()이 연산이 더 빠르다고 합니다.

정규표현식과 그 기능을 정리해보면 다음과 같습니다.

[표 2-3] 정규표현식의 종류와 그 기능

표현식	기능
₩	Escape 문자, 특수문자 표현. ex) ₩? -> "?"
.	모든 문자
^	문자열 시작위치
$	문자열 끝위치 ex) "ing$" : ing로 끝나는 문자열
₩₩s	모든 공백문자
₩₩S	공백문자 제외
₩₩d	숫자
₩₩D	숫자 제외
₩₩w	문자, 숫자, _(언더바)
₩₩W	문자, 숫자, _(언더바) 제외
₩₩t	탭(Tab)
₩₩n	새로운 행
|	Or ex) "(a|b)c" : ac or bc
a+	문자 a가 최소 1회 이상
a*	문자 a가 0개 이상
a?	문자 a가 0개 혹은 1개
a{n}	문자 a가 연속으로 n개
a{n1,n2}	문자 a가 연속으로 n1~n2개

표현식	기능
a{n,}	문자 a가 연속으로 n개 이상
[a-z]	알파벳 소문자 중 1개
[A-Z]	알파벳 대문자 중 1개
[a-zA-Z]	모든 알파벳 중 1개, [A-z]도 동일
[0-9]	0-9 중 1개
[가-하]	모든 한글 중 1개
[^abc]	문자 a, b, c 제외
[:alnum:]	알파벳 및 숫자
[:alpha:]	알파벳 문자 중 1개
[:lower:]	알파벳 소문자 중 1개
[:upper:]	알파벳 대문자 중 1개
[:digit:]	0-9 중 1개
[:punct:]	특수문자
[:graph:]	그래픽 문자(문자, 숫자, 특수문자)
[:print:]	인쇄문자(문자, 숫자, 특수문자, 공백)
[:blank:]	space, tab
[:space:]	모든 공백문자(space, tab, return, newline)

이제 정규표현식을 어떻게 활용할 수 있을지 살펴보겠습니다. 아래 예시들을 보고 정규표현식을 만드는 연습을 해보세요.

```
# 날짜 추출
temp <- c("2020-07-01", "2012.12,12", "1997-12.31", "5/25/2007")
# 20으로 시작하는 4자리 숫자 - 1,2자리 숫자 - 1,2자리 숫자로 끝
result <- str_extract_all(temp,
                          "^20[:digit:]{2}\\-\\d{1,2}\\-\\d{1,2}$")
result
```

```
[[1]]
[1] "2020-07-01"

[[2]]
character(0)

[[3]]
character(0)

[[4]]
character(0)
```

```
# 1,2자리 숫자 / 1,2자리 숫자 / 4자리 숫자로 끝
result <- str_extract_all(temp,
                          "^\\d{1,2}\\/\\d{1,2}\\/\\d{4}$")
result
```

```
[[1]]
character(0)

[[2]]
character(0)

[[3]]
character(0)

[[4]]
[1] "5/25/2007"
```

```
# 한글 2자 연속 (이름 등) 데이터 추출
temp <- c("김 이박", "원빈", "바나나", "헨리 G 김", "robert 김")
result <- str_extract_all(temp,
                          "^[가-   ]{2,}")
result
```

```
[[1]]
character(0)

[[2]]
[1] "원빈"

[[3]]
[1] "바나나"

[[4]]
[1] "헨리"

[[5]]
character(0)
```

```
# jpg, gif, png 파일 이름 추출
temp <- c("abfdf.jpg", "dfaer.pn", "dpfjdfas.jpg", "abfdf .jpg")
result <- str_extract_all(temp,
                          "\\S+\\.(jpg|gif|png)$")
result
```

```
[[1]]
[1] "abfdf.jpg"

[[2]]
character(0)

[[3]]
[1] "dpfjdfas.jpg"

[[4]]
character(0)
```

```
# 전화번호 추출
temp <- c("010-3434-5656", "1234567890", "017.234.2345", "05/25/2007")
result <- str_extract_all(temp,
                          "(\\d{3})(.|-)(\\d{3,4})(.|-)(\\d{4})$")
result
```

```
[[1]]
[1] "010-3434-5656"

[[2]]
character(0)

[[3]]
[1] "017.234.2345"

[[4]]
character(0)
```

```
# 이메일 추출
temp <- c("dffdf89@adf@a-d.dif", "dfajdiofa@gma/il.com",
          "doRlf@korea.ac.kr","dfjds./foa@df65.fo.kr")
result <- str_extract_all(temp,
                          "^[A-z0-9_+.-]+@([a-z0-9-]+\\.)+[a-z0-9]{2,4}$")
result
```

```
[[1]]
character(0)

[[2]]
character(0)

[[3]]
[1] "doRlf@korea.ac.kr"

[[4]]
character(0)
```

```
# 1부터 31까지의 번호
temp <- c("30", "31", "32", "100", "2" ,"001", "03", "301", "0331")
result <- str_extract_all(temp,
                          "(^0*[1-9]$)|(^(1|2)[0-9]$)|^30$|^31$")
result
```

```
[[1]]
[1] "30"

[[2]]
[1] "31"

[[3]]
character(0)

[[4]]
character(0)

[[5]]
[1] "2"

[[6]]
[1] "001"

[[7]]
[1] "03"

[[8]]
character(0)

[[9]]
character(0)
```

4) 수치형 변수 연산

앞에서 병변 혈관의 개수를 합해서 질환이 있는 혈관의 개수(NoDzVV)를 구해보았습니다. 이 경우에는 계산해야 하는 변수의 개수가 5개 정도밖에 되지 않아서 하나씩 코딩하면서 할 수 있었습니다. 만약 10개가 넘는 변수를 조작해야 한다면 같은 코드를 여러 번 복사하고 붙여넣기해야 합니다. 이번 예제는 16개의 스텐트 길이 변수를 합한 총 스텐트 길이 합계(Total Stent Length)를 계산하는 데 있어서 lapply() 함수와 결측치를 0으로 치환하는 함수를 이용하여 가급적 중복을 피하고 단순하게 작성해보겠습니다.

```
# Total Stent Length 변수 새로 만들기
dat17 <- dat16

# 스텐트 길이 변수명 리스트 만들기
STENT_LEN_Names <- c("STENT1_LEN", "STENT2_LEN", "STENT3_LEN",
                     "STENT4_LEN", "STENT1_LEN.1", "STENT2_LEN.1",
                     "STENT3_LEN.1", "STENT4_LEN.1", "STENT1_LEN.2",
                     "STENT2_LEN.2", "STENT3_LEN.2", "STENT4_LEN.2",
                     "STENT1_LEN.3", "STENT2_LEN.3", "STENT3_LEN.3",
                     "STENT4_LEN.3")

# 데이터 타입을 수치형으로 변환
dat17[,STENT_LEN_Names] = lapply(dat17[,STENT_LEN_Names],as.numeric)

# 결측값 0 처리함수 정의
repNA = function(x){x[is.na(x)]=0;x}
# 결측값 0 처리
dat17[,STENT_LEN_Names] = lapply(dat17[,STENT_LEN_Names],repNA)
# 총 스텐트 길이 합 계산
dat17$STENT.total.length <- dat17$STENT1_LEN + dat17$STENT2_LEN +
                            dat17$STENT3_LEN + dat17$STENT4_LEN +
                            dat17$STENT1_LEN.1 + dat17$STENT2_LEN.1 +
                            dat17$STENT3_LEN.1 + dat17$STENT4_LEN.1 +
                            dat17$STENT1_LEN.2 + dat17$STENT2_LEN.2 +
                            dat17$STENT3_LEN.2 + dat17$STENT4_LEN.2 +
                            dat17$STENT1_LEN.3 + dat17$STENT2_LEN.3 +
                            dat17$STENT3_LEN.3 + dat17$STENT4_LEN.3

# 총 스텐트 길이가 0인 경우 NA로 처리
# repNA 함수를 응용하여 값이 0이면 NA 처리하는 새로운 함수 정의
rep0 = function(x){x[x==0]=NA;x}
dat17$STENT.total.length <- rep0(dat17$STENT.total.length)

# 데이터 확인
table(dat17$STENT.total.length, useNA = "always")
```

```
   8    9   10   11   12   13   14   15   16   17   18   19   20
   6    1    3   20  135   23  257  320  129    5 1072    8  192
  22   23 23.1   24   25   26   27   28   29   30   31   32   33
 194  366    1  415    8  146   10  624   14  248    1  133  303
  34   35   36   37   38   39   40   41   42   43   44   45   46
  61   27  133   18  460   22  101   57   61   33   72   24  156
  47   48   49   50   51   52   53   54   55   56   57   58   59
  11  134    8   28  102   99   50   50    7  262    9   26   12
  60   61   62   63   64   65   66   67   68   69   70   71   72
  60   68   32    9   56   11   97    4   36   18   31   40   26
  73   74   75   76   77   78   79   80   81   82   83   84   85
   7   49    6   78    5   22   25   23   11   17    4   37    2
  86   87   88   89   90   91   92   93   94   95   96   97   98
  20    2   12   25   18    7   13    1   36    2   12    8   17
  99  100  101  102  103  104  106  107  108  109  110  112  114
  14   10    5   16    3   16    9    3    8    7    5   12    9
 115  116  117  118  119  120  121  122  124  125  126  127  128
   1    4    1    6    2    3    4    3    1    1    2    2    2
 129  130  131  132  134  135  136  137  138  140  141  142  144
   3    5    1    7    1    2    1    3    2    1    1    3    1
 145  148  150  152  158  161  163 <NA>
   1    1    2    2    2    2    1 3369
```

```
# 데이터 검증을 위한 test 데이터 생성 및 확인
STENT_LEN_Names_final <- c("STENT1_LEN", "STENT2_LEN",
                           "STENT3_LEN", "STENT4_LEN",
                           "STENT1_LEN.1", "STENT2_LEN.1",
                           "STENT3_LEN.1", "STENT4_LEN.1",
                           "STENT1_LEN.2", "STENT2_LEN.2",
                           "STENT3_LEN.2", "STENT4_LEN.2",
                           "STENT1_LEN.3", "STENT2_LEN.3",
                           "STENT3_LEN.3", "STENT4_LEN.3",
                           "STENT.total.length")
test <- dat17[, STENT_LEN_Names_final]
head(test)
```

```
  STENT1_LEN  STENT2_LEN  STENT3_LEN  STENT4_LEN STENT1_LEN.1
1         24           0           0           0           28
2         20           0           0           0           24
3         14           0           0           0           26
4         22           0           0           0            0
5         24           0           0           0            0
6         38           0           0           0            0
 STENT2_LEN.1 STENT3_LEN.1 STENT4_LEN.1 STENT1_LEN.2
1            0            0            0            0
2            0            0            0           28
3            0            0            0            0
4            0            0            0            0
5            0            0            0            0
6            0            0            0            0
 STENT2_LEN.2 STENT3_LEN.2 STENT4_LEN.2 STENT1_LEN.3
1            0            0            0            0
2            0            0            0            0
3            0            0            0            0
4            0            0            0            0
5            0            0            0            0
6            0            0            0            0
 STENT2_LEN.3 STENT3_LEN.3 STENT4_LEN.3 STENT.total.length
1            0            0            0                 52
2            0            0            0                 72
3            0            0            0                 40
4            0            0            0                 22
5            0            0            0                 24
6            0            0            0                 38
```

앞에서 NoDzVV 변수를 새로 만들 때에는 연산에 사용되는 변수가 모두 NA일 경우를 확인하여 그런 경우를 제외하고 NA를 0으로 처리하였습니다. 왜냐하면 연산에 사용되는 변수가 모두 NA인 경우(데이터 수집이 안 된 경우)와 모두 0인 경우(실제 질환이 있는 혈관의 개수가 0인 경우)를 분간할 수 없었기 때문입니다. 이에 반해 Total Stent Length 변수는 스텐트 삽입술을 받았고 데이터가 수집되었다면 반드시 '>0'입니다. 스텐트의 길이가 0일 리 없기 때문입니다. 따라서 Total Stent Length 변수를 새로 만들 때에는 총 스텐트 길이가 0인 경우를 NA로 처리하면 충분합니다.

비슷한 방법으로 스텐트 직경의 최솟값에 대한 변수를 만들어보겠습니다. 스텐트 직경에 대한 변수들만 따로 떼어서 apply() 함수를 사용하여 한꺼번에 계산한 다음에 cbind() 함수를 이용하여 최종 계산값이 있는 컬럼만 기존의 데이터프레임에 붙였습니다.

```
# Minial Stent Diameter 변수 새로 만들기
STENT_DIA_Names <- c("STENT1_DIA", "STENT2_DIA", "STENT3_DIA",
                     "STENT4_DIA", "STENT1_DIA.1", "STENT2_DIA.1",
                     "STENT3_DIA.1", "STENT4_DIA.1", "STENT1_DIA.2",
                     "STENT2_DIA.2", "STENT3_DIA.2", "STENT4_DIA.2",
                     "STENT1_DIA.3", "STENT2_DIA.3", "STENT3_DIA.3",
                     "STENT4_DIA.3")
# 데이터 타입을 수치형으로 변환
dat17[,STENT_DIA_Names] = lapply(dat17[,STENT_DIA_Names],
                                 as.numeric)
# 스텐트 직경만 있는 데이터프레임 만들어서 최솟값 계산하기
dat17.stent.dia <- dat17[,STENT_DIA_Names]
dat17.stent.dia$DIA.MIN <- apply(dat17.stent.dia, 1, min, na.rm=T)
# 데이터 합치기
dat17 <- cbind(dat17, dat17.stent.dia$DIA.MIN)
# 변수이름 정리하기
# 변수이름을 'dat17.stent.dia$DIA.Min'에서 'STENT.DIA.MIN'으로 수정
require(dplyr)
dat17 <- rename(dat17, "STENT.DIA.MIN" = "dat17.stent.dia$DIA.MIN")
# 데이터 확인하고 최종 수정하기
table(dat17$STENT.DIA.MIN, useNA = "always")
```

```
   2 2.05 2.25  2.5 2.52 2.55 2.56 2.62 2.65 2.67  2.7 2.74 2.75
  10    1   93 1892    1    1    1    5    1    4    1    3 1500
2.76  2.8 2.83 2.87 2.88 2.92 2.95 2.98    3 3.08 3.12 3.15 3.17
   1    1    1    8    2    1    1    1 2171    2    1    1    1
3.25  3.5 3.75  3.8    4  4.5    5   10 13.5  Inf <NA>
  55 1521    4    1  486   17    4    1    1 3369    0
```

STENT.DIA.MIN 변수의 데이터에 Inf(infinte의 약자, 무한대를 의미)가 3,369건 확인되었습니다. min() 함수는 na.rm = TRUE 옵션을 사용한 상태에서 연산할 모든 변수가 NA일 경우, 계산할 수 있는 변수가 없어서 inf값을 반환합니다. 즉, Inf의 의미가 연산할 모든 변수가 NA라는 것이므로 NA로 다시 치환했습니다.

```
# inf값을 NA로 치환하고 최종 확인하기
dat17$STENT.DIA.MIN <- ifelse(dat17$STENT.DIA.MIN==Inf,
                              NA, dat17$STENT.DIA.MIN)
table(dat17$STENT.DIA.MIN, useNA = "always")
```

```
   2 2.05 2.25  2.5 2.52 2.55 2.56 2.62 2.65 2.67  2.7 2.74 2.75
  10    1   93 1892    1    1    1    5    1    4    1    3 1500
2.76  2.8 2.83 2.87 2.88 2.92 2.95 2.98    3 3.08 3.12 3.15 3.17
   1    1    1    8    2    1    1    1 2171    2    1    1    1
3.25  3.5 3.75  3.8    4  4.5    5   10 13.5 <NA>
  55 1521    4    1  486   17    4    1    1 3369
```

이번에는 데이터 정리 작업이 반드시 정해진 순서와 방법으로 해야 하는 게 아니라, 변수의 내재적인 특성에 따라 조금씩 변형하거나 응용할 수 있다는 것을 보여드리고자 했습니다. 그래서 수치형 변수를 연산하여 새로운 변수를 만드는 작업을 조금 변형된 방법으로 보여드렸습니다.

5) 문자형 → 카테고리형

LM, LAD, LCX, RAMUS, RCA의 5가지 값으로 변수를 정리하여 데이터를 수집하기로 했습니다. [그림 2-16]의 BG열을 대충 보면 잘 정리된 것처럼 보일 수 있지만, 필터로 변수를 하나씩 꼼꼼히 살펴보면 다양한 입력값들을 확인할 수 있습니다. 문자열 조작을 통해 다시 카테고리화해야 합니다.

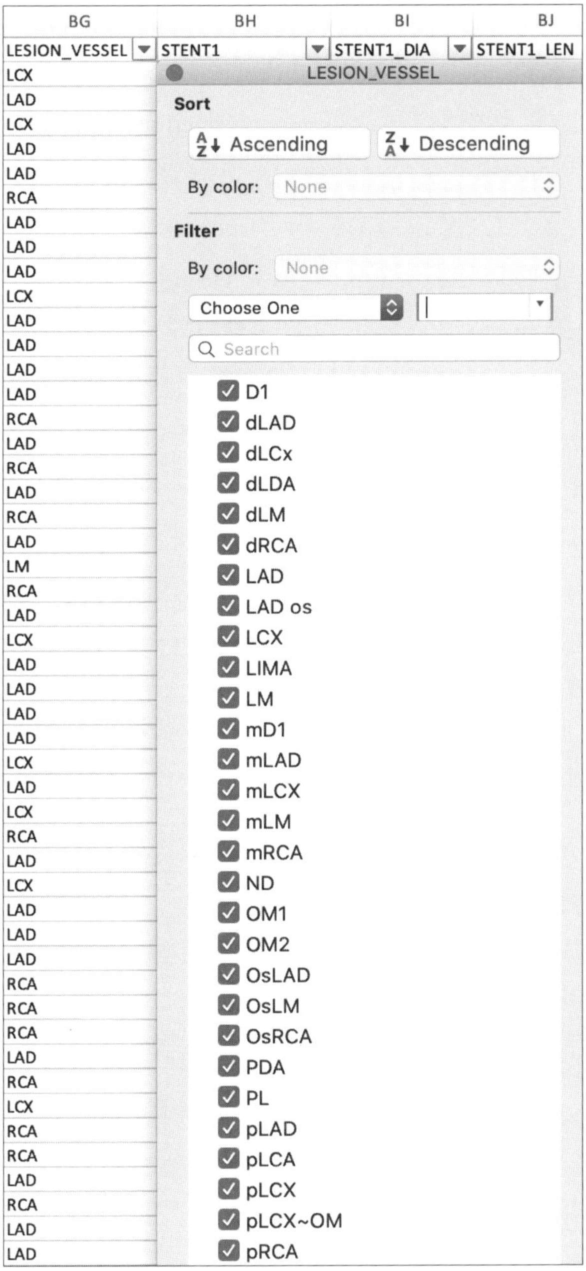

[그림 2-16] 다양한 방식으로 입력된 데이터(LESION_VESSEL) 예시

시술한 병변이 있는 혈관에 대한 정보는 스텐트처럼 Targetlesion, LESION_VESSEL, LESION_VESSEL.1, LESION_VESSEL.2, LESION_VESSEL.3 변수

에 들어 있습니다. Raw Data.xlsx 파일을 보면 데이터 수집 단계에서 시술한 병변(혈관)을 좌주간지(left main, LM), 좌전하행지(left anterior descending, LAD), 좌회선지(left circomflex, LCX), 중간가지분지(ramus intermedius, RAMUS), 우관상동맥(right coronary artery, RCA)의 5개 주요 혈관으로 나누어 입력하도록 권고하였습니다. 그러나 실제 데이터를 살펴보면 [그림 2-16]과 같이 free-text로 여러 가지 형태로 입력되어 있습니다. LAD 앞뒤에 Os(ostial), P(proximal), M(mid), D(distal)와 같은 Extension을 다는 경우, LIMA(left internal mammary artery), OM(obtus marginal), PL(posterolateral), Diag(diagonal)와 같이 사전에 정의된 분류 기준보다 더 세밀하게 나눈 혈관의 분류를 입력한 경우, LM과 LAD를 한꺼번에 입력한 경우 등 다양한 사례가 있습니다. 입력하는 사람의 입장에서 보면 가급적 한 번에 많은 정보를 자세하게 수집해놓기 위해서 그랬을 것으로 이해되지만, 데이터를 정리하는 입장에서 볼 때 여간 곤란한 게 아닙니다.

이번에는 LESION_VESSEL, LESION_VESSEL.1, LESION_VESSEL.2, LESION_VESSEL.3 변수를 합쳐서 새로운 하나의 변수를 만들어보겠습니다. 데이터 변환 로직 순서는 다음과 같습니다.

Keypoint

① **문자형 데이터로 변환:** 데이터 형식을 확인하여 문자형으로 변환한다.

② **변수 합치기:** 변환한 변수를 paste() 함수를 이용해 합친다.

③ **데이터 전처리:** NA, 빈칸 등 불필요한 값을 제거하고 소문자로 변환한다.

④ **문자열 추출 및 삭제**

- 해당 변수(A)에서 특정 문자열을 추출하여 새로운 임시변수(A')에 입력: str_extract() 함수 사용
- 해당 변수(A)에서 추출한 문자열 삭제: str_replace_all()
- 해당 변수(A)에 남아 있는 문자열을 확인하여 추출 알고리즘 수정

⑤ **새로운 변수 생성:** 임시변수(A', B'...)를 종합하여 최종의 새로운 변수(C, D...)를 생성한다.

앞에서 스텐트 정보 데이터를 정리할 때는 gsub()을 사용했습니다. 이번 시술 병변 혈관에 대한 데이터 정리에서는 stringr 패키지의 str_extract()과 str_replace_all()을 사용하겠습니다.

① 문자형 데이터로 변환

```
# Lesion Vessel 정리
dat18 <- dat17

# 데이터 타입을 문자형으로 변환
LESION_VESSEL_Names <- c("Targetlesion", "LESION_VESSEL",
                         "LESION_VESSEL.1", "LESION_VESSEL.2",
                         "LESION_VESSEL.3")
dat18[,LESION_VESSEL_Names] = lapply(dat18[,LESION_VESSEL_Names],
                                     as.character)

# 카테고리 데이터를 다시 문자형 데이터로 변환
require(stringr)
dat18$Targetlesion <- str_replace_all(dat18$Targetlesion,"1","lm")
dat18$Targetlesion <- str_replace_all(dat18$Targetlesion,"2","lad")
dat18$Targetlesion <- str_replace_all(dat18$Targetlesion,"3","lcx")
dat18$Targetlesion <- str_replace_all(dat18$Targetlesion,"4","rca")
dat18$Targetlesion <- str_replace_all(dat18$Targetlesion,"5","lmladlcx")
dat18$Targetlesion <- str_replace_all(dat18$Targetlesion,"6","lmladrca")
dat18$Targetlesion <- str_replace_all(dat18$Targetlesion,"7","lmlcxrca")
dat18$Targetlesion <- str_replace_all(dat18$Targetlesion,"8","lmladlcxrca")
```

str_replace_all()는 stringr 패키지가 필요하므로 R script를 오늘 새로 만들었다면 library()나 require()를 사용하여 패키지를 로딩해야 합니다. 이번 예제에서 우리가 다룰 변수들은 시술 병변 혈관에 대한 것들인데 'Targetlesion'은 일종의 통합 변수이고, 'LESION_VESSEL'…은 세부 변수들이라고 할 수 있습니다. 따라서 데이터가 완벽하게 입력되었다면 LESION_VESSEL…을 통해 만든 새로운 'Targetlesion.new'(가칭) 변수와 기존의 Targetlesion 변수는 동일해야 합니다. 하지만 그렇게 되기란 거의 불가능합니다.

데이터를 정제하는 과정을 통해 변수들 사이의 논리적인 정합성을 확인하고 수정하는 것도 연구에 있어서 매우 중요합니다. 이번 예제에서는 통합 변수인 Targetlesion을 세부적인 변수들과 합쳐서 새로운 변수를 만들었습니다. Targetlesion 변수는 원래 시술한 혈관을 8가지 카테고리로 나눠서 숫자를 정한 후, 숫자 카테고리로 데이터를 수집하려고 하였으나 앞서 말한 대로 잘 지켜지지 않았습니다. 그래서 세부 변수들과 합치기 전에 Targetlesion 변수에 있는 숫자로 입력된 값을 해당하는 혈관 이름으로 변경해서 정리했습니다(물론 세부 변수들에 1-8 값이 없다면 변수들을 합친 다음에 일관적으로 수행해도 무방합니다). str_replace_all()을 이용하여 숫자로 입력되어 있는 값을 실제 혈관 이름으로 치환하였습니다.

> **str_replace**(string, pattern, replacement)
> : string이라는 문자열에서 가장 처음 pattern과 매치되는 부분을 replacement로 치환한다.
> 문자열 내에 매치되는 모든 pattern을 치환할 때에는 **str_replace_all**()을 사용한다.

② 변수 합치기

```
# 변수 합치기
dat18$LESION_VESSEL.total.raw <- paste(dat18$Targetlesion,
                                       dat18$LESION_VESSEL,
                                       dat18$LESION_VESSEL.1,
                                       dat18$LESION_VESSEL.2,
                                       dat18$LESION_VESSEL.3)
dat18$LESION_VESSEL.total <- dat18$LESION_VESSEL.total.raw
```

시술 병변에 대한 정보들을 paste() 함수를 사용하여 'LESION_VESSEL.total.raw'라는 새로운 함수에 합쳤습니다. LESION_VESSEL.total.raw는 다시 LESION_VESSEL.total이라는 새로운 변수에 복사하였습니다. 나중에 LESION_VESSEL.total 입력값에서 필요한 정보를 하나씩 추출해서 새로운 변수에 입력할 것입니다. 동시에 LESION_VESSEL.total에서 추출한 변수를 삭제하여 추출 작업 후에 남은 처리하지 못한 문자열이 있는지 최종적으로 검토하는 데 활용할 것입니다. LESION_VESSEL.total.raw 변수는 추출 및 정제 작업이 끝난 다음에 원하는 대로 정제되었는지 확인하기 위해 참조하는 원본 데이터로 활용할 것입니다.

③ 데이터 전처리

```
# 데이터 전처리
# 'NA','미체크', 빈칸 삭제
dat18$LESION_VESSEL.total <- str_replace_all(dat18$LESION_VESSEL.total,
                                             "NA", "")
dat18$LESION_VESSEL.total <- str_replace_all(dat18$LESION_VESSEL.total,
                                             "미체크", "")
dat18$LESION_VESSEL.total <- str_replace_all(dat18$LESION_VESSEL.total,
                                             "\\s*", "")
# 소문자로 변환
dat18$LESION_VESSEL.total <- tolower(dat18$LESION_VESSEL.total)
```

문자열을 추출하기에 앞서 NA, 미체크, 빈칸과 같은 불필요한 문자열을 삭제하고, 모든 문자열을 소문자로 처리하여 문자열 추출에 용이하게 전처리했습니다.

④ 문자열 추출 및 삭제

```
# 20개 문자열 추출
# (1) TEMP1 : lad
## 1) 'lad'가 있으면 TEMP1에 1 할당, 아니면 0을 할당
dat18$TEMP1 <- ifelse(!is.na(str_extract(dat18$LESION_VESSEL.total,"lad")),1,0)
## 2) LESION_VESSEL.total에 'lad' 삭제
dat18$LESION_VESSEL.total <- str_replace_all(dat18$LESION_VESSEL.total,"lad","")
## 나머지 각 혈관에 대해 1), 2) 반복

# (2) TEMP2 : lda(lda는 lad의 오타로 추측됩니다)
dat18$TEMP2 <- ifelse(!is.na(str_extract(dat18$LESION_VESSEL.total,"lda")),1,0)
dat18$LESION_VESSEL.total <- str_replace_all(dat18$LESION_VESSEL.total,"lda","")

# (3) TEMP3 : lca(lca는 left coronary artery의 약자로 생각되는데 lad가 left coronary
artery의 가장 중요한 혈관이므로 lca를 lad로 분류하였습니다)
dat18$TEMP3 <- ifelse(!is.na(str_extract(dat18$LESION_VESSEL.total, "lca")),1,0)
dat18$LESION_VESSEL.total <- str_replace_all(dat18$LESION_VESSEL.total,"lca","")

# (4) TEMP4 : d1
dat18$TEMP4 <- ifelse(!is.na(str_extract(dat18$LESION_VESSEL.total, "d1")),1,0)
dat18$LESION_VESSEL.total <- str_replace_all(dat18$LESION_VESSEL.total,"d1","")
```

```
# (5) TEMP5 : dia
dat18$TEMP5 <- ifelse(!is.na(str_extract(dat18$LESION_VESSEL.total, "dia")),1,0)
dat18$LESION_VESSEL.total <- str_replace_all(dat18$LESION_VESSEL.total,"dia","")

# (6) TEMP6 : lcx
dat18$TEMP6 <- ifelse(!is.na(str_extract(dat18$LESION_VESSEL.total,"lcx")),1,0)
dat18$LESION_VESSEL.total <- str_replace_all(dat18$LESION_VESSEL.total,"lcx","")

# (7) TEMP7 : om1
dat18$TEMP7 <- ifelse(!is.na(str_extract(dat18$LESION_VESSEL.total,"om1")),1,0)
dat18$LESION_VESSEL.total <- str_replace_all(dat18$LESION_VESSEL.total,"om1","")

# (8) TEMP8 : om2
dat18$TEMP8 <- ifelse(!is.na(str_extract(dat18$LESION_VESSEL.total,"om2")),1,0)
dat18$LESION_VESSEL.total <- str_replace_all(dat18$LESION_VESSEL.total,"om2","")

# (9) TEMP9 : om
dat18$TEMP9 <- ifelse(!is.na(str_extract(dat18$LESION_VESSEL.total,"om")),1,0)
dat18$LESION_VESSEL.total <- str_replace_all(dat18$LESION_VESSEL.total,"om","")

# (10) TEMP10 : rca
dat18$TEMP10 <- ifelse(!is.na(str_extract(dat18$LESION_VESSEL.total,"rca")),1,0)
dat18$LESION_VESSEL.total <- str_replace_all(dat18$LESION_VESSEL.total,"rca","")

# (11) TEMP11 : pl
dat18$TEMP11 <- ifelse(!is.na(str_extract(dat18$LESION_VESSEL.total,"pl")),1,0)
dat18$LESION_VESSEL.total <- str_replace_all(dat18$LESION_VESSEL.total,"pl","")

# (12) TEMP12 : pda
dat18$TEMP12 <- ifelse(!is.na(str_extract(dat18$LESION_VESSEL.total,"pda")),1,0)
dat18$LESION_VESSEL.total <- str_replace_all(dat18$LESION_VESSEL.total,"pda","")

# (13) TEMP13 : ramus
dat18$TEMP13 <-ifelse(!is.na(str_extract(dat18$LESION_VESSEL.total,"ramus")),1,0)
dat18$LESION_VESSEL.total <-str_replace_all(dat18$LESION_VESSEL.total,"ramus","")

# (14) TEMP14 : ri
dat18$TEMP14 <- ifelse(!is.na(str_extract(dat18$LESION_VESSEL.total,"ri")),1,0)
dat18$LESION_VESSEL.total <- str_replace_all(dat18$LESION_VESSEL.total, "ri", "")
```

```
# (15) TEMP15 : intermedius
dat18$TEMP15 <- ifelse(!is.na(str_extract(dat18$LESION_VESSEL.total,
                                           "intermedius")),1,0)
dat18$LESION_VESSEL.total <- str_replace_all(dat18$LESION_VESSEL.total,
                                               "intermedius", "")

# (16) TEMP16 : lm
dat18$TEMP16 <- ifelse(!is.na(str_extract(dat18$LESION_VESSEL.total,"lm")),1,0)
dat18$LESION_VESSEL.total <- str_replace_all(dat18$LESION_VESSEL.total,"lm","")

# (17) TEMP17 : leftmain
dat18$TEMP17 <- ifelse(!is.na(str_extract(dat18$LESION_VESSEL.total,
                                           "leftmain")),1,0)
dat18$LESION_VESSEL.total <- str_replace_all(dat18$LESION_VESSEL.total,
                                               "leftmain", "")

# (18) TEMP18 : lima
dat18$TEMP18 <- ifelse(!is.na(str_extract(dat18$LESION_VESSEL.total,"lima")),1,0)
dat18$LESION_VESSEL.total <- str_replace_all(dat18$LESION_VESSEL.total,"lima","")

# (19) TEMP19 : svg
dat18$TEMP19 <- ifelse(!is.na(str_extract(dat18$LESION_VESSEL.total,"svg")),1,0)
dat18$LESION_VESSEL.total <- str_replace_all(dat18$LESION_VESSEL.total,"svg","")

# (20) TEMP20 : graft
dat18$TEMP20 <-ifelse(!is.na(str_extract(dat18$LESION_VESSEL.total,"graft")),1,0)
dat18$LESION_VESSEL.total <-str_replace_all(dat18$LESION_VESSEL.total,"graft","")
```

LESION_VESSEL.total 변수에서 ifelse() 함수를 사용하여 'lad'를 확인하고 존재하면 1, 없으면 0으로 치환하여 'TEMP1'이라는 변수에 할당했습니다. lad 문자열의 존재 여부는 str_extract()와 is.na()를 활용해서 작성했습니다. 이와 같은 방법은 앞에서 TotalNoST 변수를 새로 만들 때에도 적용했었습니다.

> `!is.na(str_extract(dat18$LESION_VESSEL.total, "lad"))`
> : 'LESION_VESSEL.total' 변수에서 'lad'를 추출한 값이 NA가 아니다 (!는 not을 의미함).

lad를 확인한 다음에는 str_replace_all() 함수를 사용하여 LESION_VESSEL.total 컬럼에 있는 모든 lad를 " "(빈칸)로 치환했습니다. 이는 나중에 LESION_VESSEL.total에 남아 있는 문자열을 확인하기 위해서입니다. 이와 같은 방법으로 20개의 문자열을 20개의 변수에 담았습니다.

20개의 문자열 중에서 입력값 'pl'에 대해 부연 설명이 필요할 것 같습니다. pl은 posterolateral 분지혈관의 약자로 실제 임상에서 흔히 쓰이는 약자입니다. 그런데 입력값 중에는 'pLAD(소문자로 변환 시 plad)'라는 입력값이 있고 여기에도 'pl'이라는 문자열이 있습니다. pLAD는 proximal LAD를 줄여 쓴 용어로 이 약자도 실제로 임상에서 많이 쓰입니다.

그렇다면 'pl'과 'plad'를 어떻게 구분할 수 있을까요? 본 예제에서는 LESION_VESSEL.total 컬럼에서 lad를 추출한 다음에 삭제했기 때문에 결국 plad에서 'p'만 남게 되어 뒤에 pl을 추출해도 plad와 pl을 구분할 수 있었습니다. 만약 pl을 먼저 추출하고 삭제한다면, plad에서 'pl'이 추출되어 lad가 추출되지 않는 오류가 발생할 수 있습니다. 또한 lad를 먼저 추출하더라도 바로 다음에, 혹은 최소한 pl을 추출하기 전에 lad를 삭제하지 않으면 'plad'가 남게 되어 plad에서 pl이 추출될 수 있습니다. 이러한 이유로 저는 문자열을 처리할 때, 추출한 문자열을 삭제하는 코드를 문자열을 추출하는 코드 다음에 바로 작성합니다.

정규표현식을 활용하면 문자열을 삭제하지 않고 pl과 plad를 구분할 수 있습니다. 정규표현식 중 '[^x]'은 'x를 제외한 문자'를 의미합니다. 'pl[^ac]'는 '(p) + (l) + (a와 c를 제외한 문자)'를 의미하는 것으로 plad를 거를 수 있습니다. 그러나 pl 뒤에 무엇이든 문자가 하나 나와야 하는데 pl이 문자열의 맨 마지막에 있는 경우는 추출하지 못하기 때문에 'pl$'를 추출하는 코드를 추가해야 합니다.

```
# 'pl' 추출에 대한 다양한 정규표현식 예시
dat18$TEMP11 <- ifelse(!is.na(str_extract(dat18$LESION_VESSEL.total,
                                          "pl[^ac]")), 1, 0)
dat18$TEMP12 <- ifelse(!is.na(str_extract(dat18$LESION_VESSEL.total,
                                          "pl$")), 1, 0)
```

⑤ 새로운 변수 생성

```
## 새로운 변수들 생성 (ex. LESION_VESSEL.lad : 시술병변(LAD) )
# LESION_VESSEL.lad : 시술병변(LAD) - lad, lda, lca, d1, dia
dat18$LESION_VESSEL.lad <- ifelse(dat18$TEMP1 + dat18$TEMP2 + dat18$TEMP3 +
                                  dat18$TEMP4 + dat18$TEMP5 >= 1,1,0)

# LESION_VESSEL.lcx : 시술병변(LCX) - lcx, om1, om2, om
dat18$LESION_VESSEL.lcx <- ifelse(dat18$TEMP6 + dat18$TEMP7 +
                                  dat18$TEMP8 + dat18$TEMP9 >= 1, 1,0)

# LESION_VESSEL.rca : 시술병변(RCA) - rca, pl, pda
dat18$LESION_VESSEL.rca <- ifelse(dat18$TEMP10 + dat18$TEMP11 +
                                  dat18$TEMP12 >= 1, 1,0)

# LESION_VESSEL.ramus : 시술병변(RI) - ramus, ri, intermedius
dat18$LESION_VESSEL.ramus <- ifelse(dat18$TEMP13 + dat18$TEMP14 +
                                    dat18$TEMP15 >= 1, 1,0)

# LESION_VESSEL.lm : 시술병변(LM) - lm, leftmain
dat18$LESION_VESSEL.lm <- ifelse(dat18$TEMP16 + dat18$TEMP17 >= 1, 1,0)

# LESION_VESSEL.other : 시술병변(Other) - lima, svg, graft
dat18$LESION_VESSEL.other <- ifelse(dat18$TEMP18 + dat18$TEMP19 +
                                    dat18$TEMP20 >= 1, 1,0)
```

20개의 카테고리로 정리한 데이터를 LM, LAD, LCX, RCA, RI, Others 이렇게 6개의 혈관 카테고리로 분류하여 정리했습니다. LAD에 해당하는 문자열 입력값은 lad뿐만 아니라 lda, lca, d1, dia와 같은 좌전하행지에서 분지되는 혈관까지 포함했습니다. lad, lda, lca, d1, dia 5개의 문자열을 TEMP1, TEMP2, TEMP3, TEMP4, TEMP5 변수에 담았고, 최종적으로 5개의 문자열 중 하나라도 있으면 LESION_VESSEL.lad 변수에 1을 할당했습니다. 이러한 방식으로 LESION_VESSEL.lcx, LESION_VESSEL.rca, LESION_VESSEL.lm, LESION_VESSEL.ramus, LESION_VESSEL.other 변수를 만들었습니다.

```
## 필요 없는 문자열 삭제
dat18$LESION_VESSEL.total <- ifelse(dat18$LESION_VESSEL.total == "os",
                                     "", dat18$LESION_VESSEL.total)
dat18$LESION_VESSEL.total <- ifelse(dat18$LESION_VESSEL.total == "p",
                                     "", dat18$LESION_VESSEL.total)
dat18$LESION_VESSEL.total <- ifelse(dat18$LESION_VESSEL.total == "p-",
                                     "", dat18$LESION_VESSEL.total)
dat18$LESION_VESSEL.total <- ifelse(dat18$LESION_VESSEL.total == "pp",
                                     "", dat18$LESION_VESSEL.total)
dat18$LESION_VESSEL.total <- ifelse(dat18$LESION_VESSEL.total == "m",
                                     "", dat18$LESION_VESSEL.total)
dat18$LESION_VESSEL.total <- ifelse(dat18$LESION_VESSEL.total == "m-",
                                     "", dat18$LESION_VESSEL.total)
dat18$LESION_VESSEL.total <- ifelse(dat18$LESION_VESSEL.total == "mm",
                                     "", dat18$LESION_VESSEL.total)
dat18$LESION_VESSEL.total <- ifelse(dat18$LESION_VESSEL.total == "pm",
                                     "", dat18$LESION_VESSEL.total)
dat18$LESION_VESSEL.total <- ifelse(dat18$LESION_VESSEL.total == "d",
                                     "", dat18$LESION_VESSEL.total)
dat18$LESION_VESSEL.total <- ifelse(dat18$LESION_VESSEL.total == "dd",
                                     "", dat18$LESION_VESSEL.total)
dat18$LESION_VESSEL.total <- ifelse(dat18$LESION_VESSEL.total == "fail",
                                     "", dat18$LESION_VESSEL.total)
```

시술병변 혈관의 앞뒤에 붙여서 사용하는 Os(ostial), P(proximal), M(mid), D(distal)와 같은 Extension 용어들을 삭제하였습니다.

```
## 데이터 확인
# LESION_VESSEL.total.raw, LESION_VESSEL.total 변수만 추출 (test)
test <- dat18[,c("LESION_VESSEL.total.raw", "LESION_VESSEL.total")]

# LESION_VESSEL.total이 ""(빈칸)이 아닌 항목만 추출 (test1)
test1 <- test[test$LESION_VESSEL.total != "",]

# 맨 위 10개 행 출력
head(test1, n=10)
```

```
     LESION_VESSEL.total.raw  LESION_VESSEL.total
6953             0 RCA NA NA NA                   0
7793             0 RCA NA NA NA                   0
8717             0 RCA NA NA NA                   0
9109             0 LAD NA NA NA                   0
9165             0 LAD NA NA NA                   0
9341     OsLAD OsLAD NA NA NA                  osos
9344        mD1m mD1 NA NA NA                   mdm
9661     osLAD osLAD NA NA NA                  osos
9888     OsLAD OsLAD NA NA NA                  osos
9898 aMerg-1m aMerg-1 NA NA NA        amerg-amerg-1
```

이제 결과를 쭉 살펴보면서 혹시 생각하지 못한 중요한 항목을 놓치지는 않았는지 검토하는 단계입니다. LESION_VESSEL.total 변수에 남아 있는 문자열을 살펴보면 중요한 문자열은 대부분 정리된 것 같습니다. osos, mdm 등 필요 없는 문자열을 추가적으로 삭제해가면서 LESION_VESSEL.total에 아무런 문자열이 남아 있지 않을 때까지 정리할 수도 있습니다. 이때 앞에서 나온 str_replace_all() 함수를 사용해서 삭제할 수도 있겠지만, pl과 plad처럼 예상치 못한 경우가 잘못 처리되어 데이터 정리가 엉망이 될 수도 있기 때문에 저는 데이터를 삭제할 때에는 str_replace_all() 함수를 쓰지 않는 편입니다.

이 책에서 다루는 데이터는 어떤 요인이 환자의 예후에 영향을 미치는지 분석하기 위한 데이터세트입니다. 하나의 행이 환자 1명의 케이스입니다. 보통 시술(혹은 수술)에 대한 분석은 시술건에 대한 데이터세트를 따로 만들어서 분석합니다. 환자 1명이 2개 이상의 병변 혈관에 대해 시술을 받았을 수 있기 때문입니다. 환자의 데이터세트에 시술에 대한 데이터를 자세하게 포함시키려면, 이 예제의 데이터세트처럼 시술과 관련된 변수들이 곱절로 늘어나게 됩니다. 그리고 어느 혈관에 대한 시술이 가장 많았는지 분석하기 위해서는 결국 혈관에 대한 데이터세트를 다시 만들어서 분석하는 수밖에 없습니다.

```
## 새로운 변수 최종 확인
# 데이터 확인용 변수 추출
test2 <- dat18[, c("LESION_VESSEL.total.raw", "LESION_VESSEL.lad",
                   "LESION_VESSEL.lcx", "LESION_VESSEL.rca",
                   "LESION_VESSEL.ramus", "LESION_VESSEL.lm",
                   "LESION_VESSEL.other")]
head(test2)
```

```
  LESION_VESSEL.total.raw  LESION_VESSEL.lad  LESION_VESSEL.lcx
1         NA LCX RCA NA NA                  0                  1
2        NA LAD LCX RCA NA                  1                  1
3         NA LCX LAD NA NA                  1                  1
4          NA LAD NA NA NA                  1                  0
5          NA LAD NA NA NA                  1                  0
6          NA RCA NA NA NA                  0                  0
   LESION_VESSEL.rca  LESION_VESSEL.ramus  LESION_VESSEL.lm
1                  1                    0                 0
2                  1                    0                 0
3                  0                    0                 0
4                  0                    0                 0
5                  0                    0                 0
6                  1                    0                 0
  LESION_VESSEL.other
1                   0
2                   0
3                   0
4                   0
5                   0
6                   0
```

출력된 결과를 살펴보면, 해당하는 변수에 적절히 잘 반영된 것을 확인할 수 있습니다.

이제 데이터 정리 방법에 대해서 어느 정도 소개한 것 같습니다. 여기서 다루지 않은 나머지 변수들도 앞에서 소개한 방법들을 이용하여 하나씩 정리한 다음, names() 함수로 변수들을 확인하여 필요 없는 변수들을 삭제하고 저장합니다.

```
# 데이터세트 복사
dat19 <- dat18

# 최종 데이터세트의 변수이름 확인
names(dat19)

# 불필요한 변수 삭제
dat19$TEMP1 <- NULL;dat19$TEMP2 <- NULL;dat19$TEMP3 <- NULL;
(이하생략)

# 최종 데이터세트 저장
write.csv(dat19, file="dat19.csv", fileEncoding = "utf8")
```

코딩을 잘하시는 분들은 이 책에 있는 코딩이 간결하지도 않고 비효율적이라고 생각하실 수 있을 것 같습니다. 앞에서도 언급했지만, ifelse() 대신에 case_when() 등을 사용하여 반복되는 코드를 줄일 수 있습니다. 다만, 이 책은 가급적 처음 R을 접하신 독자분들도 이해하기 쉽도록 코드를 작성하고자 했습니다. 데이터를 정리하는 작업은 대부분 일회성 작업이고 목표가 분명한 작업입니다. 기가 막힌 툴이나 소프트웨어를 개발하는 작업이 아닙니다. 고급기술을 사용하면 좀 더 짧고 효율적인 코드를 작성할 수 있겠지만, 작업의 결과물이 어차피 동일하다면 굳이 수단에 집착할 필요는 없다고 생각합니다. 코드 작성과 더불어 필요한 주석을 잘 정리해놓으면 충분합니다. 추후에 수정이 필요할 때 어디부터, 무슨 작업부터 하면 될지 쉽게 확인하고 작업을 다시 할 수 있으면 충분합니다.

3 탐색적 데이터 분석(exploratory data analysis)

3-1 카테고리형 변수 분석하기

데이터 정제를 아무리 잘해도 제대로 입력하지 않았다면 어쩔 도리가 없습니다. 지금까지 정리한 내용을 분석하고 제대로 채워지지 않은 부분을 확인하여 해당 기관에 데이터 검토를 요청하고 데이터를 다시 받는 작업을 데이터 정제 작업이 끝날 때까지 반복적으로 수행해야 합니다. 이 책의 서두에도 언급했지만, 이런 소모적인 작업을 최소화하기 위해서는 연구를 위해 수집하려고 하는 항목과 입력 방식을 최대한 구체적이고 세밀하게 정하고, 각 세부기관의 데이터 입력 실무자와 긴밀하게 소통해야 합니다. 최근 웹 기반의 증례 기록 플랫폼이 도입되면서 입력 항목을 세밀하게 설정할 수도 있고, 데이터에 대한 간단한 모니터링도 가능해졌습니다. 이번 장에서는 간단한 통계분석을 통해서 지금까지 정제한 데이터세트에 이상한 부분은 없는지 대략적으로 파악해보는 작업을 해보겠습니다.

기본적인 분석 결과 테이블을 만드는 것은 moonBook 패키지의 mytable() 함수를 추천합니다. moonBook 패키지는 가톨릭대학교 문건웅 교수님이 만든 패키지로 임상의학 연구에 활용도가 매우 높습니다. R을 처음 접하는 임상의사분들은 문건웅 교수님의 저서 《의학논문 작성을 위한 R통계와 그래프》를 꼭 읽어보기를 추천드립니다. mytable() 함수의 자세한 내용은 ?mytable을 입력하여 실행하면 R studio 오른쪽 하단 창에 출력되어 나옵니다. mytable()로 분석하고 그 결과를 csv로 저장한 다음에 Excel로 열어서 확인하면 편리합니다.

```
mytable(그룹변수 ~ 분석할 변수들((+) 기호로 구분), data = 데이터프레임 이름)
```

```
dat19 <- read.csv("dat19.csv") # 최종 데이터세트 불러오기
dat19 <- dat19[,-1]              # 맨 왼쪽(첫번째) 인덱스 컬럼 삭제
dat20 <- dat19                   # dat20에 복사

# moonBook 패키지가 없으면 install.package()로 먼저 인스톨해야 함
require(moonBook)
A1 <- mytable(Hosp ~ Dx + Age + Sex + Smoking + DM + HTN +
              Dyslipid + CYP2C19 + TotalNoST2 + STENT.DIA.MIN +
              Targetlesion_final, data = dat20)
mycsv(A1, file = "A1.csv") # 분석 결과를 CSV 파일로 저장
```

대부분의 다기관 연구에서 기관별로 데이터의 양뿐만 아니라 형식이나 질도 천차만별일 수 있습니다. 그렇기 때문에 데이터 확인 작업이 중요합니다. 앞에서 살펴본 데이터 정제 작업을 수행하면서 데이터 형식에 대해서는 어느 정도 걸러질 수 있지만, 데이터의 질은 파악하기 어렵습니다. 따라서 기초통계분석을 통해 대략적인 데이터의 경향성을 파악하는 작업은 매우 중요합니다. 대개의 경우 기관별로 연구 스타일이 서로 상이한 경우가 많기 때문에 기관에 따른 데이터의 편향이 발생하기 쉽습니다.

여기서는 대략적인 데이터를 기관별로 비교해보겠습니다. 그룹 변수로서 Hosp 변수를 넣고, 분석할 변수로는 카테고리형 변수들을 골랐습니다. mytable() 함수로 분석한 결과를 A1.csv로 저장하고 Excel로 열어서 검토했습니다. 데이터를 살펴보면서 이상한 부분의 셀의 바탕색을 바꿔서 표시했습니다.

Hosp	Hospital_A	Hospital_B	Hospital_C	Hospital_D	Hospital_E	Hospital_F	Hospital_G	Hospital_H	Hospital_I	p
	(N=700)	(N=2299)	(N=1899)	(N=772)	(N=266)	(N=313)	(N=2422)	(N=651)	(N=1842)	
Dx										
-1	188 (26.9%)	787 (34.2%)	713 (37.5%)	0 (0.0%)	137 (51.5%)	177 (56.5%)	1116 (46.1%)	278 (42.7%)	842 (45.7%)	
-2	302 (43.1%)	305 (13.3%)	599 (31.5%)	0 (0.0%)	64 (24.1%)	69 (22.0%)	401 (16.6%)	163 (25.0%)	527 (28.6%)	
-3	101 (14.4%)	618 (26.9%)	283 (14.9%)	0 (0.0%)	46 (17.3%)	33 (10.5%)	191 (7.9%)	70 (10.8%)	196 (10.6%)	
-4	52 (7.4%)	589 (25.6%)	213 (11.2%)	0 (0.0%)	15 (5.6%)	15 (4.8%)	390 (16.1%)	82 (12.6%)	127 (6.9%)	
-5	57 (8.1%)	0 (0.0%)	91 (4.8%)	0 (0.0%)	4 (1.5%)	19 (6.1%)	324 (13.4%)	5 (0.8%)	150 (8.1%)	
- Silent myocardial ischemia	0 (0.0%)	0 (0.0%)	0 (0.0%)	0 (0.0%)	0 (0.0%)	0 (0.0%)	0 (0.0%)	53 (8.1%)	0 (0.0%)	
Age	65.6 -± 11.0	64.5 -± 11.5	63.8 -± 11.0	64.5 -± 10.5	65.5 -± 11.2	63.3 -± 10.6	62.9 -± 10.9	63.9 -± 11.1	65.1 -± 10.4	0
Sex										0
- F	242 (34.6%)	702 (30.5%)	553 (29.1%)	532 (68.9%)	84 (31.6%)	87 (27.8%)	570 (23.5%)	194 (29.8%)	526 (28.6%)	
- M	458 (65.4%)	1597 (69.5%)	1346 (70.9%)	240 (31.1%)	182 (68.4%)	226 (72.2%)	1852 (76.5%)	457 (70.2%)	1316 (71.4%)	
Smoking										0
0	369 (52.7%)	1496 (65.1%)	1025 (54.0%)	517 (67.0%)	99 (37.2%)	163 (52.1%)	1296 (53.5%)	431 (66.2%)	921 (50.0%)	
-1	167 (23.9%)	731 (31.8%)	541 (28.5%)	141 (18.3%)	63 (23.7%)	64 (20.4%)	507 (20.9%)	75 (11.5%)	423 (23.0%)	
-2	164 (23.4%)	72 (3.1%)	333 (17.5%)	114 (14.8%)	104 (39.1%)	86 (27.5%)	617 (25.5%)	145 (22.3%)	498 (27.0%)	
- Unknown	0 (0.0%)	0 (0.0%)	0 (0.0%)	0 (0.0%)	0 (0.0%)	0 (0.0%)	2 (0.1%)	0 (0.0%)	0 (0.0%)	
DM										0
0	467 (66.7%)	1610 (70.0%)	1335 (70.3%)	446 (57.8%)	203 (76.3%)	208 (66.5%)	1179 (48.7%)	405 (62.4%)	1180 (64.1%)	
-1	233 (33.3%)	689 (30.0%)	564 (29.7%)	326 (42.2%)	63 (23.7%)	105 (33.5%)	1241 (51.2%)	244 (37.6%)	662 (35.9%)	
- Unknown	0 (0.0%)	0 (0.0%)	0 (0.0%)	0 (0.0%)	0 (0.0%)	0 (0.0%)	2 (0.1%)	0 (0.0%)	0 (0.0%)	
HTN										0
0	271 (38.7%)	1122 (48.8%)	751 (39.5%)	305 (39.5%)	52 (19.5%)	140 (44.7%)	978 (40.4%)	284 (43.6%)	609 (33.1%)	
-1	429 (61.3%)	1177 (51.2%)	1148 (60.5%)	467 (60.5%)	214 (80.5%)	173 (55.3%)	1443 (59.6%)	367 (56.4%)	1233 (66.9%)	
- Unknown	0 (0.0%)	0 (0.0%)	0 (0.0%)	0 (0.0%)	0 (0.0%)	0 (0.0%)	1 (0.0%)	0 (0.0%)	0 (0.0%)	
Dyslipid										0
0	523 (74.7%)	1004 (43.7%)	1571 (82.7%)	372 (48.2%)	68 (25.6%)	122 (39.0%)	1425 (58.8%)	24 (82.8%)	696 (37.8%)	
-1	177 (25.3%)	1295 (56.3%)	328 (17.3%)	400 (51.8%)	198 (74.4%)	191 (61.0%)	996 (41.1%)	5 (17.2%)	1146 (62.2%)	
- Unknown	0 (0.0%)	0 (0.0%)	0 (0.0%)	0 (0.0%)	0 (0.0%)	0 (0.0%)	1 (0.0%)	0 (0.0%)	0 (0.0%)	
CYP2C19										
- *1/*1	257 (36.7%)	254 (94.4%)	718 (37.8%)	309 (40.0%)	0 (0.0%)	37 (33.0%)	0 (0.0%)	240 (36.9%)	661 (35.9%)	
- *1/*17	9 (1.3%)	15 (5.6%)	22 (1.2%)	1 (0.1%)	0 (0.0%)	0 (0.0%)	0 (0.0%)	11 (1.7%)	25 (1.4%)	
- *1/*2	247 (35.3%)	0 (0.0%)	647 (34.1%)	273 (35.4%)	0 (0.0%)	46 (41.1%)	0 (0.0%)	232 (35.6%)	656 (35.6%)	
- *1/*3	99 (14.1%)	0 (0.0%)	236 (12.4%)	92 (11.9%)	0 (0.0%)	11 (9.8%)	0 (0.0%)	69 (10.6%)	214 (11.6%)	
- *2/*17	7 (1.0%)	0 (0.0%)	16 (0.8%)	0 (0.0%)	0 (0.0%)	0 (0.0%)	0 (0.0%)	2 (0.3%)	10 (0.5%)	
- *2/*2	44 (6.3%)	0 (0.0%)	138 (7.3%)	48 (6.2%)	0 (0.0%)	7 (6.2%)	0 (0.0%)	55 (8.4%)	150 (8.1%)	
- *2/*3	32 (4.6%)	0 (0.0%)	98 (5.2%)	41 (5.3%)	0 (0.0%)	9 (8.0%)	0 (0.0%)	34 (5.2%)	99 (5.4%)	
- *3/*17	1 (0.1%)	0 (0.0%)	5 (0.3%)	0 (0.0%)	0 (0.0%)	0 (0.0%)	0 (0.0%)	1 (0.2%)	3 (0.2%)	
- *3/*3	4 (0.6%)	0 (0.0%)	19 (1.0%)	8 (1.0%)	0 (0.0%)	2 (1.8%)	0 (0.0%)	7 (1.1%)	24 (1.3%)	
TotalNoST2	1.7 -± 1.0	0.0 -± 0.0	1.5 -± 0.8	0.0 -± 0.0	1.8 -± 1.0	1.6 -± 0.9	1.5 -± 0.9	0.9 -± 0.6	1.4 -± 0.7	0
STENT.DIA.MIN	3.0 -± 0.5	-	2.9 -± 0.4	-	2.9 -± 0.5	2.9 -± 0.4	3.0 -± 0.5	3.2 -± 0.4	3.0 -± 0.5	0

[그림 2-17] mytable()를 이용한 기관별 분석 결과 일부 (A1.csv)

[그림 2-17]을 살펴보면 Hospital_D는 Dx 변수(진단명)가 입력되어 있지 않습니다. 성별의 비율도 다른 기관과 비교했을 때 정반대로 나온 것으로 보아 반대로 입력했을 가능성이 있습니다. Hospital_C의 경우에는 Dyslipid 변수(이상지질혈증 여부)에서 이상지질혈증의 동반된 비율이 다른 기관과 비교했을 때 현저히 낮습니다. Hospital_B, Hospital_E는 CYP2C19 유전자형에 대한 데이터가 없습니다. Hospital_B와 Hospital_D는 TotalNoST2, STENT.DIA.MIN과 같은 스텐트 시술에 대한 데이터가 입력되어 있지 않습니다. 실제 연구를 수행할 때에는 이러한 분석 결과를 근거로 부족한 부분에 대한 데이터 검토를 해당 기관에 요청해서 데이터를 보완해야 합니다.

3-2 수치형 변수 분석하기

수치형 변수들도 mytable() 함수를 사용하여 분석할 수 있지만, 수치형 변수들은 테이블 내에서 평균, 중앙값, 표준편차 정도로만 표현되므로 정보를 한눈에 파악하기가 쉽지 않습니다. 그러므로 plot() 함수를 이용해 시각화하여 직관적으로 파악하는 방법을 추천합니다.

```
plot(dat20$Height)
```

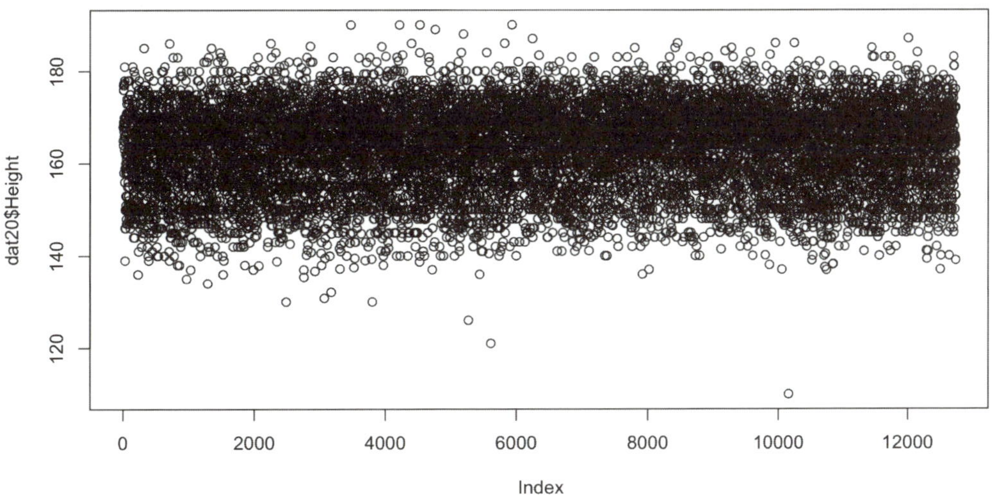

[그림 2-18] Height(키) 변수 시각화(plot())

[그림 2-18]을 보면 Height 변수(키, 단위: cm)의 값이 대부분 140~180 사이에 존재하는 것을 한눈에 확인할 수 있습니다.

```r
plot(dat20$BMI)
```

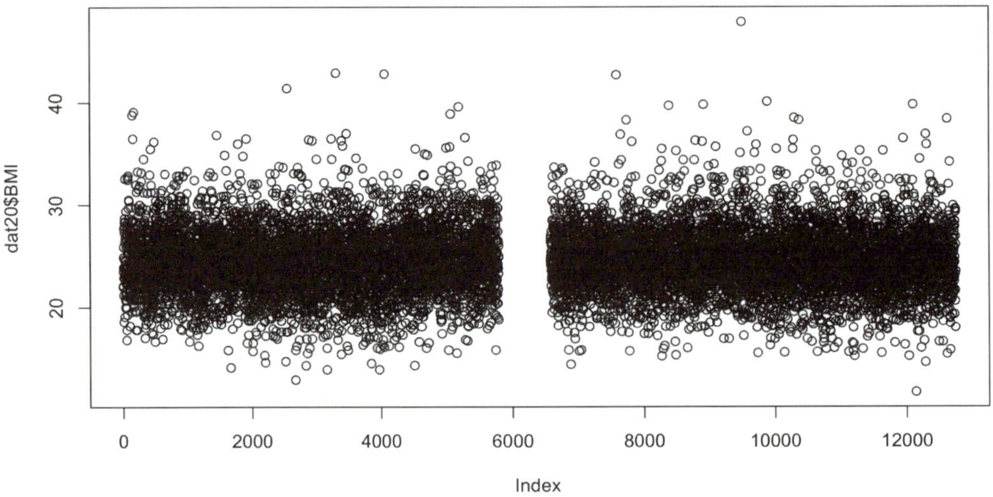

[그림 2-19] BMI(체질량지수) 변수 시각화

[그림 2-19]를 보면 중간에 데이터가 끊겼습니다. 데이터를 입력하지 않은 기관이 있을 것으로 생각됩니다. table() 함수로 BMI(body mass index, 체질량지수)에 대한 기관별 결측치 수를 살펴보면 Hospital_D에서 BMI에 대한 결측값이 772개나 되는 것을 확인할 수 있습니다. BMI는 키와 몸무게만 있으면 구할 수 있습니다. BMI값을 입력해 주지는 않았더라도 Height와 Weight 값이 있다면 굳이 해당 기관에 입력을 요청하지 않고 계산하여 처리할 수 있습니다.

```r
# BMI변수의 기관별 NA 개수
table(dat20$Hosp[is.na(dat20$BMI)])
```

```
Hospital_A Hospital_B Hospital_C Hospital_D Hospital_E 
         3         64          1        772          0 
Hospital_F Hospital_G Hospital_H Hospital_I 
         2         57          9          0 
```

```
plot(dat20$HB)
```

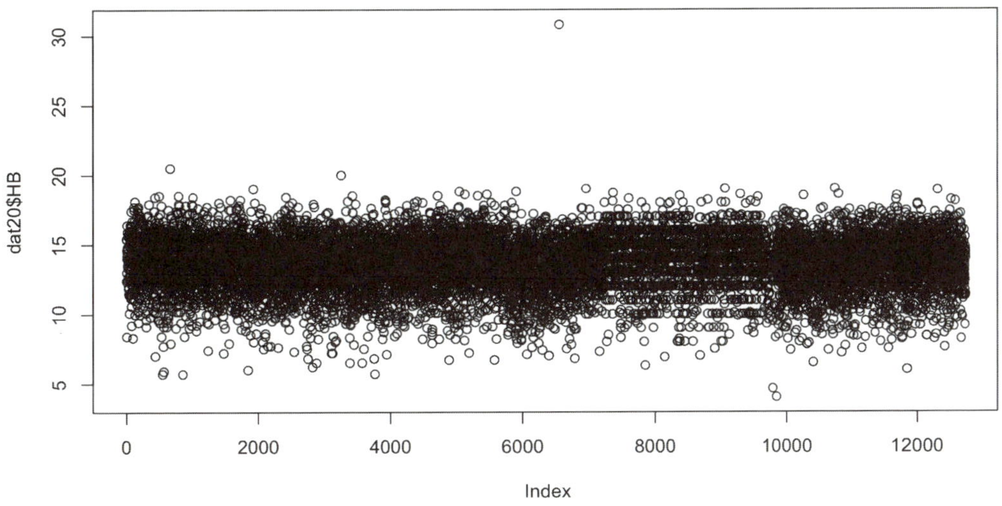

[그림 2-20] HB(혈색소) 변수 시각화

[그림 2-20]의 HB(헤모글로빈, 혈색소, 단위: g/dL) 변수의 값들을 보면 30이 넘는 아주 특이한 케이스가 있습니다. 이러한 이상치를 어떻게 처리할 것인가도 연구자가 결정해야 하는 문제입니다. 또한 그 오른쪽은 다른 부분과 비교했을 때 밀도가 낮아 보입니다. 결측치 개수를 기관별로 분석해보면 Hospital_F와 Hospital_G에 유난히 결측치가 많은 것을 알 수 있습니다.

```
table(dat20$Hosp[is.na(dat20$HB)]) # NA 개수
```

```
Hospital_A Hospital_B Hospital_C Hospital_D Hospital_E
         1         14         19         34          0
Hospital_F Hospital_G Hospital_H Hospital_I
       126        491          0         20
```

```
table(dat20$Hosp[!is.na(dat20$HB)]) # NA 아닌 개수
```

```
Hospital_A Hospital_B Hospital_C Hospital_D Hospital_E
       699       2285       1880        738        266
Hospital_F Hospital_G Hospital_H Hospital_I
       187       1931        651       1822
```

```
plot(dat20$CR)
```

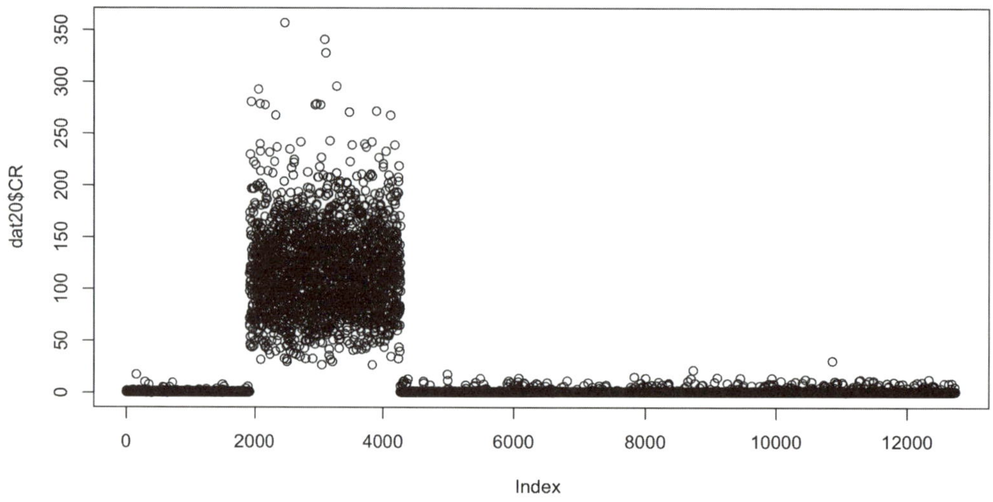

[그림 2-21] CR(크리아티닌) 변수 시각화

[그림 2-21]에서 CR(크리아티닌, 단위: mg/dL) 변수의 값들을 보면 중간에 엉뚱한 값이 들어가 있는 구간이 있습니다. 확인해보니 Hospital_B의 데이터가 이상한 것으로 해당 기관에 검토를 요청하는 수밖에 없습니다.

3-3 날짜 오류 확인하기

본 예제 데이터에는 Enroll_DATE(연구등록 날짜), VERI_P_DATE(혈소판 기능검사를 시행한 날짜), PCI_DATE(관상동맥 스텐트 삽입술을 시행한 날짜), DIS_DATE(퇴원 날짜), FINAL_FU_DATE(최종추적관찰된 날짜), DEATH_DATE(사망한 날짜), MI_DATE(심근경색이 발생한 날짜), ST_DATE(스텐트 혈전증이 발생한 날짜), CVA_DATE(뇌졸중이 발생한 날짜), RR_DATE(관상동맥 스텐트 삽입술을 다시 시행한 날짜) 이렇게 10개의 날짜에 대한 변수가 있습니다. 본 예제 데이터에 있는 날짜에 대한 변수에서 논리적인 오류가 있는지 확인해보겠습니다.

임상연구의 종류는 수없이 다양하지만, 기본적으로 가장 흔한 연구 주제는 특정 상황에 대한 분석(단면연구)과 더불어 특정 요인들과 이후에 발생한 여러 가지 사건 사이에 관련성을 통계적으로 분석(환자-대조군연구, 코호트 연구)하는 것입니다. 보통 이러한 연구에서 시간에 대한 정보는 분석에 있어서 매우 중요한 정보입니다.

앞서 언급한 대로 본 예제 데이터는 클로피도그렐을 복용하는 환자에서 CYP2C19 유전자형이 심뇌혈관 사건 발생에 미치는 영향을 분석하기 위해 수집된 데이터를 변형한 것입니다. 시간의 흐름에 따라 설명하면 관상동맥 스텐트 삽입술(시술 시행날짜: PCI_DATE)을 시행받은 환자가 클로피도그렐 투약을 시작해서 약효가 충분히 나타날 때쯤 혈소판 기능검사(검사 시행날짜: VERI_P_DATE) 및 CYP2C19 유전자 검사를 시행하고 퇴원(퇴원날짜: DIS_DATE)한 이후에 사망, 심근경색, 스텐트 혈전증, 뇌졸중, 출혈사건, 관상동맥 스텐트 삽입술 재시술(사건 발생날짜: DEATH_DATE~RR_DATE)의 발생을 마지막 추적관찰 날짜(FINAL_FU_DATE)까지 확인한 것입니다. Enroll_DATE(연구등록 날짜)는 보통 전향적인 임상연구에서 사용하는데, 보통은 환자에게 연구동의서를 취득한 날짜나 선별검사 결과에서 연구등록이 가능하다는 것을 확인한 날짜를 사용합니다. 본 예제 연구에서는 기존 연구들의 증례기록서를 참고하다 보니 Enroll_DATE도 같이 모였는데, 사실 연구 내용상 필요 없는 변수입니다.

위 시나리오를 생각해보면, 한 환자에서 기준이 되는 시작 날짜는 PCI_DATE입니다. 다른 모든 날짜는 PCI_DATE와 같거나 이후여야 합니다. 반대로 가장 늦은 날짜는 FINAL_FU_DATE이며, 다른 모든 날짜는 FINAL_FU_DATE와 같거나 그 이전이어야 합니다. 당연한 얘기이지만, DEATH_DATE와 FINAL_FU_DATE는 일치해야 할 것입니다. 그러나 연구원이 직접 수기로 데이터를 입력하는 과정에서 종종 실수를 하기 때문에 이렇게 데이터를 정제하고 검증하는 과정에서 오류를 발견하게 되는 것입니다.

먼저, 날짜 변수들의 타입을 살펴보면 문자형으로 되어 있습니다. CSV로 저장하고 다시 불러오면서 데이터 타입이 변했기 때문입니다. 다시 날짜형 데이터로 변환해야 합니다. 데이터 타입의 확인은 대표로 Enroll_DATE만 했습니다.

```
class(dat20$Enroll_DATE)
```

```
[1] "factor"
```

```
# 데이터 타입을 날짜로 변환
DATE_Names <- c("Enroll_DATE", "PCI_DATE", "VERI_P_DATE",
                "DIS_DATE", "FINAL_FU_DATE", "DEATH_DATE",
                "MI_DATE", "ST_DATE", "CVA_DATE", "RR_DATE")
dat20[, DATE_Names] = lapply(dat20[, DATE_Names], as.Date)

class(dat20$Enroll_DATE)
```

```
[1] "Date"
```

1) 제일 빠른 (최소) 날짜, 제일 늦은 (최대) 날짜로 추출

앞서 수치형 데이터를 조작하는 방법을 소개하면서 apply() 함수를 사용했습니다. 연산에 필요한 데이터만 따로 새로운 데이터프레임으로 만들어서 apply() 함수에 min(), max()를 적용했습니다. NA가 포함된 변수가 포함되어 있어도 중단되지 않도록 na.rm = TRUE 옵션을 설정했습니다.

```
dat21 <- dat20

# 날짜 변수만 있는 데이터세트 생성
DATE_Names1 <- c("PCI_DATE", "VERI_P_DATE", "DIS_DATE",
                 "FINAL_FU_DATE", "DEATH_DATE", "MI_DATE",
                 "ST_DATE", "CVA_DATE", "RR_DATE")
dat21.DATE <- dat21[,DATE_Names1]
```

```r
# 최소 날짜 추출
dat21.DATE$MIN <- apply(dat21.DATE, 1, min, na.rm = T)

# 최대 날짜 추출
dat21.DATE$MAX <- apply(dat21.DATE, 1, max, na.rm = T)

# 원래 데이터세트와 다시 합치기
dat21 <- cbind(dat21, dat21.DATE$MIN, dat21.DATE$MAX)

# 날짜형으로 변환하여 새로운 변수에 할당
dat21$DATE.MIN <- as.Date(dat21$`dat21.DATE$MIN`)
dat21$DATE.MAX <- as.Date(dat21$`dat21.DATE$MAX`)

# 불필요한 파생변수 삭제
dat21$`dat21.DATE$MIN` <- NULL; dat21$`dat21.DATE$MAX`<- NULL

# 데이터 검토
## 검토할 날짜 변수만 추출
dat21.DATE.Summary <- dat21.DATE[,c('PCI_DATE', 'MIN', 'DIS_DATE',
                        'DEATH_DATE', 'FINAL_FU_DATE', 'MAX')]

## DEATH_DATE와 FINAL_FU_DATE가 다른 경우 출력
head(filter(dat21.DATE.Summary,DEATH_DATE != FINAL_FU_DATE))
```

```
    PCI_DATE        MIN DIS_DATE DEATH_DATE FINAL_FU_DATE        MAX
1 2011-01-03 2011-01-03     <NA> 2012-03-15    2012-07-26 2012-07-26
2 2012-05-11 2012-05-11     <NA> 2012-09-07    2012-07-16 2012-09-07
3 2012-05-11 2012-05-11     <NA> 2012-09-07    2012-07-16 2012-09-07
4 2012-05-11 2012-05-11     <NA> 2016-02-18    2016-02-01 2016-02-18
5 2012-06-07 2012-06-07     <NA> 2014-06-15    2014-07-16 2014-07-16
6 2013-01-02 2013-01-02     <NA> 2014-01-28    2013-12-30 2014-01-28
```

PCI_DATE, MIN, DIS_DATE, DEATH_DATE, FINAL_FU_DATE, MAX로 이루어진 데이터프레임을 만들어서 정말로 DEATH_DATE와 FINAL_FU_DATE가 일치하지 않는 데이터를 확인해보았습니다. 실제로 날짜가 조금씩 다르게 입력되어 있습니다. 당연히 이렇게 이상한 점이 나오면 해당 기관에 질의해서 확실한 데이터를 받아야 합니다. 그러나 실제 현실에서 타기관의 데이터를 일일이 질의하여 확인하기란 거의 불가능하다고 할 수 있습니다. 여러 번 강조하지만, 휴먼 에러(human error)를 줄이는 가장 좋은 방법은 오류가 생길 가능성을 애초에 전산적으로 해결하는 것입니다. 다시 말해 데이터를 처음 입력할 때부터 Excel에 수작업을 하지 말고, 입력 오류나 논리 오류를 사전에 막을 수 있는 기술을 사용하는 것입니다. 비용이 들고 처음부터 만들기가 어렵긴 하지만, 일단 제대로 만들어놓으면 본서에 담긴 작업의 상당 부분을 하지 않고 시간과 노력을 아낄 수 있습니다.

이번 예제에서는 FINAL_FU_DATE를 입력된 날짜 중 가장 늦은 날짜인 DATE.MAX로 치환하고, DEATH_DATE가 FINAL_FU_DATE보다 더 이른 경우에는 FINAL_FU_DATE를 DEATH_DATE로 변경했습니다. 알아두어야 할 점은 R은 날짜 연산을 할 때 날짜를 1970년 1월 1일 이후의 일수로 바꿔서 계산한다는 사실입니다. 따라서 날짜 연산을 한 다음에는 origin 옵션을 사용해서 다시 날짜 형식으로 변경해줘야 합니다. 참고로 앞에서 언급했지만 Excel은 1900년 1월 1일을 기준으로 합니다.

```
## 변수 정리하기
# FINAL_FU_DATE를 가장 늦은 날짜로 치환
dat21$FINAL_FU_DATE <- dat21$DATE.MAX

# DEATH_DATE가 있으면, FINAL_FU_DATE를 DEATH_DATE로 수정
dat21$FINAL_FU_DATE <- ifelse(is.na(dat21$DEATH_DATE),
                              dat21$FINAL_FU_DATE, dat21$DEATH_DATE)

# 날짜 연산 후, 다시 날짜 데이터로 변환
dat21$FINAL_FU_DATE <- as.Date(dat21$FINAL_FU_DATE,
                       origin = "1970-01-01")
# 참고 R에서는 내부적으로 1970년 1월 1일 이후 경과된 일수를 저장
```

```
# PCI_DATE와 MIN이 다른 경우 10개 출력
head(filter(dat21.DATE.Summary,PCI_DATE != MIN))
```

	PCI_DATE	MIN	DIS_DATE	DEATH_DATE	FINAL_FU_DATE	MAX
1	2013-02-19	2012-10-27	2013-02-20	<NA>	2014-02-03	2014-02-03
2	2013-11-26	2013-06-27	<NA>	<NA>	2013-12-17	2013-12-17
3	2013-07-05	2013-07-03	2013-07-04	<NA>	2014-08-04	2014-08-04
4	2013-07-05	2013-07-03	2013-07-04	<NA>	2014-10-31	2014-10-31
5	2013-07-17	2013-07-16	2013-07-18	<NA>	2014-07-21	2014-07-21
6	2013-10-08	2013-10-03	2013-10-03	2015-06-06	2015-06-06	2015-06-06

PCI_DATE를 살펴본 결과, DIS_DATE(퇴원일)와 같이 상식적으로 그 후에 있을 것으로 생각되는 날짜가 오히려 PCI_DATE보다 빠른 경우가 확인되었습니다. 마찬가지로 해당 기관에 질의해서 확실한 데이터를 받아야 합니다.

본 예제 연구에서 PCI_DATE는 연구의 기준이 되는 매우 중요한 데이터로서 수정하지 않는 것이 좋을 것 같습니다. 그렇다면 최소한 PCI_DATE는 FINAL_FU_DATE보다 더 빠른 날짜이어야 합니다. 확인해보겠습니다.

```
## PCI_DATE, FINAL_FU_DATE 논리 검증
# FINAL_FU_DATE가 PCI_DATE보다 더 빠른 날짜인 경우 10개 출력
test <- filter(dat21,FINAL_FU_DATE < PCI_DATE)
head(test[,c("PCI_DATE", "DIS_DATE", "FINAL_FU_DATE", "DEATH_DATE")])
```

```
     PCI_DATE    DIS_DATE  FINAL_FU_DATE  DEATH_DATE
1  2017-02-28  2017-03-01     2012-11-10  2012-11-10
2  2013-10-23  2013-10-31     2011-10-31  2011-10-31
3  2017-04-11  2017-04-12     2013-03-09  2013-03-09
4  2018-05-10  2018-05-11     2014-10-27  2014-10-27
5  2017-06-26  2017-06-27     2016-12-30  2016-12-30
6  2016-02-04  2016-02-05     2015-11-24  2015-11-24
7  2016-05-04  2016-05-05     2010-06-15  2010-06-15
8  2008-11-07  2008-11-08     2008-06-14  2008-06-14
9  2015-04-02  2015-04-08     2010-08-27  2010-08-27
10 2013-11-14  2013-11-15     2012-04-03  2012-04-03
```

```
# FINAL_FU_DATE가 PCI_DATE보다 더 빠른 날짜인 경우의 행 개수 출력
nrow(test[,c("PCI_DATE", "DIS_DATE", "FINAL_FU_DATE", "DEATH_DATE")])
```

```
[1] 56
```

확인해보니 설마 있을까 하고 우려했던 경우가 56건이나 있었습니다. 이 케이스들은 반드시 해당 기관에 질의하여 수정해야 합니다. 본 예제에서는 삭제하였습니다.

```
dat22 <- dat21

# 데이터 삭제
# test에 있는 56건 케이스의 Index를 저장
IndexNames <- factor(test$Index)
# for문을 이용하여 56건에 해당하는 index가 아닌 행만 dat22로 할당
for(i in IndexNames){
dat22 <- dat22[!(dat22$Index == c(i)), ]
}
# 56건 케이스가 삭제된 것 확인
dim(dat21);dim(dat22)
```

```
[1] 11164   87
[1] 11108   87
```

4 데이터 분할 및 관리

이번에는 데이터를 타기관과 주고받기 위해서 데이터를 분리하고 관리하는 과정을 시뮬레이션해보고자 합니다.

4-1 데이터 나누기

데이터세트를 병원별로 나눌 때는 다음과 같이 합니다.

```
dat23 <- dat22
Hospital_A <- dat23[dat23$Hosp=="Hospital_A",]
Hospital_B <- dat23[dat23$Hosp=="Hospital_B",]
Hospital_C <- dat23[dat23$Hosp=="Hospital_C",]
```

데이터를 불러오고 합치고 등등 여러 가지 작업을 하다 보면 맨 왼쪽에 인덱스용 행번호 'X' 컬럼들이 생성됩니다. 해당 기관에 파일을 보내기 전에 'X' 컬럼을 삭제해 주세요(dat23 <- dat23[,c(-1)]). 해당 기관별로 보내기 위해 나눈 데이터를 저장하고 불러들이는 방법은 다음과 같습니다.

1) CSV 파일

- 저장할 때

```
write.csv(데이터이름, file="경로/.../저정할 파일이름.csv", fileEncoding = "utf8",
row.names = FALSE)
```

- 불러올 때

```
데이터이름 <- read.csv("경로/.../불러올 파일이름.csv", encoding="UTF-8")
```

```
# 예시 코드
write.csv(Hospital_B, file="Hospital_B.csv", fileEncoding="utf8")
Hospital_B <- read.csv("Hospital_B.csv", encoding="UTF-8")
```

write.csv() 함수에서 file="Hospital_B.csv"로 설정하면 현재의 작업폴더에 저장됩니다. row.names=FALSE로 설정해주지 않으면, 데이터의 맨 왼쪽에 행번호에 대한 열이 추가됩니다. 한편, CSV 파일은 날짜를 character 타입으로 불러옵니다. 따라서 불러온 CSV 파일에서 날짜에 대한 분석을 할 경우에는 데이터 타입을 as.Date()로 변경해야 합니다.

인코딩 부분은 단순하다면 단순하지만, 꼬이기 시작하면 정말 복잡한 문제가 됩니다. Mac과 Linux는 UTF-8을 사용하고, Windows는 CP949나 EUC-KR을 사용하기 때문에 파일을 저장하고, 불러오고, 주고받는 과정에서 한글로 입력된 문자가 깨져서 출력될 수 있습니다. 그러므로 R 환경을 가급적 UTF-8으로 고정하고, 데이터세트를 저장할 때도 UTF-8으로 하는 게 유리합니다. 만약 R로 불러왔는데 글자가 깨진 경우에는 [그림 2-22]와 같이 [File] → [Reopen with Encoding...]을 이용해서 교정할 수 있습니다.

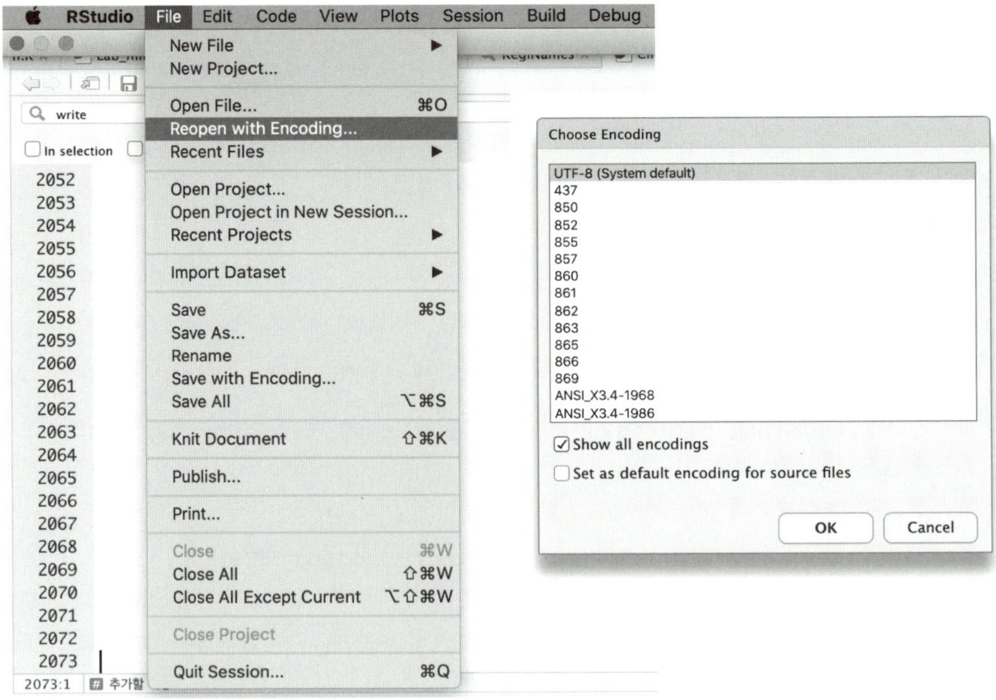

[그림 2-22] R studio에서 R script 불러올 때 인코딩 세팅

참고 운영체제에 따라 개행문자가 다르다는 점도 데이터를 처리할 때 혼란을 야기하기도 합니다.

2) Excel 파일

Excel 파일을 다루기 위해서는 Excel 파일을 다루는 패키지를 인스톨해야 합니다. 앞서 언급한 대로 패키지를 인스톨하는 과정이나 작동하는 과정에서 종종 오류가 발생하기 때문에 Excel은 활용하기가 조금 까다로울 수 있습니다. 여기에서는 제가 사용해본 Excel 관련 패키지들을 간단하게 소개해드리겠습니다. 컴퓨터 환경에 따라 손쉽게 작동되는 패키지가 다를 수 있으니 모든 패키지가 잘되지 않는다고 집착할 필요는 없을 것 같습니다.

(1) readxl, writexl

일반적으로 함수명(write_xlsx)만으로 사용 가능하지만, 간혹 다른 패키지가 동일한 함수명을 지닌 경우가 있습니다. 이를 대비하기 위해 패키지명과 함수명을 ::으로 이어서 사용합니다. xlsx 파일을 불러오는 데에는 read_excel()과 read_xlsx()가 동일합니다. read_excel()이 xls, xlsx를 자동으로 구분해서 실행하는 것뿐입니다.

- 저장할 때

```
writexl::write_xlsx(데이터이름, path="경로/.../저정할 파일이름.xlsx")
```

- 불러올 때

```
데이터이름 <- readxl::read_excel("경로/.../저정할 파일이름.xlsx",
                               sheet="시트이름",
                               range="시작열:끝열",
                               col_names=TRUE,
                               col_type="text",
                               na = "NA")
```

col_type 옵션을 보통 'guess'로 지정하는데 데이터 타입을 알아서 지정해줍니다. 대개 날짜는 잘 구분하지 못하고 문자형으로 인식합니다. 그것보다 더 큰 문제는 데이터 종류에 따라서 알고리즘이 잘못 guess할 경우 데이터 손실이 발생할 수 있다는 점입니다. 데이터 손실은 뼈아픈 손해이므로 저는 'text'로 일괄 지정합니다. 이때 주의해야 할 점은 앞서 이야기했듯이 Excel에서 불러오는 과정에서 변수 타입이 날짜형에서 문자형으로 변경되면서 데이터가 40425처럼 1900년 1월 1일을 기준으로 한 일수로 변한다는 점입니다. 추가로 na 옵션을 지정해주면 해당 문자열을 NA로 인식해줍니다. 디폴트는 " "(빈칸)입니다.

```
# 예시 코드
library(writexl)
writexl::write_xlsx(Hospital_B, path = "Hospital_B.xlsx")
library(readxl)
Hospital_B_guess <- read_excel("Hospital_B.xlsx", col_type="guess")
Hospital_B_text <- read_excel("Hospital_B.xlsx", col_type="text")
str(Hospital_B_guess)
str(Hospital_B_text)
```

write_xlsx() 함수를 사용하여 Hospital_B 데이터세트를 Hospital_B.xlsx로 저장한 다음, 파일을 col_type='guess'와 col_type='text' 2가지 방법으로 열어서 str() 함수를 이용하여 데이터를 비교해보면 차이점을 확인할 수 있습니다.

(2) xlsx

xlsx 패키지를 인스톨하기 위해서는 rJava 패키지가 필요합니다. Java 버전이 서로 오류가 나는 경우가 많아서 작동되지 않는 경우가 종종 있습니다.

- 저장할 때

```
write.xlsx(데이터이름, file="경로/.../저정할 파일이름.xlsx"
                    Name="시트이름",
                    col.names=TRUE, # 맨 윗줄의 열이름 사용
                    row.names=FALSE, # 행이름 사용하지 않음
                    append=TRUE # 기존의 파일에 덮어씀)
```

- 불러올 때

```
데이터이름 <- read.xlsx(file="경로/.../저정할 파일이름.xlsx", 시트번호,
                         sheetName = "시트이름",
                         encoding = "UTF-8")
```

```
# 예시 코드
library(xlsx)
write.xlsx(Hospital_B, file="Hospital_B.xlsx")
Hospital_B <- read.xlsx(file="Hospital_B.xlsx", 1, encoding="UTF-8")
```

(3) 파일 인코딩

여러 데이터세트를 받으면 간혹 한글에 대한 인코딩 문제가 생길 수 있습니다. 앞서 언급한 대로 가장 흔한 UTF-8, CPC 949, EUC-KR에 대해 예제를 통해 설명드리겠습니다. 테스트하는 환경을 설명드리면 Mac에서 R studio는 UTF-8으로 설정해놓았으며, Microsoft Excel은 2020 버전을 사용하였습니다. 한글이 들어 있는 테스트할 데이터를 다음과 같이 만든 후 각각 UTF-8, CPC 949, EUC-KR로 인코딩하여 CSV 파일

로 저장하였고 추가적으로 xlsx 파일도 하나 만들었습니다.

```
이름 <- c("A", "B", "C")
Name <- c("A", "B", "C")
Name2 <- c("가", "나", "다")
df <- data.frame(이름, Name, Name2)

write.csv(df, file="df_utf8.csv", fileEncoding = "utf8",
          row.names = FALSE)
write.csv(df, file="df_euc.csv", fileEncoding = "euc-kr",
          row.names = FALSE)
write.csv(df, file="df_cp949.csv", fileEncoding = "cp949",
          row.names = FALSE)
writexl::write_xlsx(df, path = "df.xlsx")
```

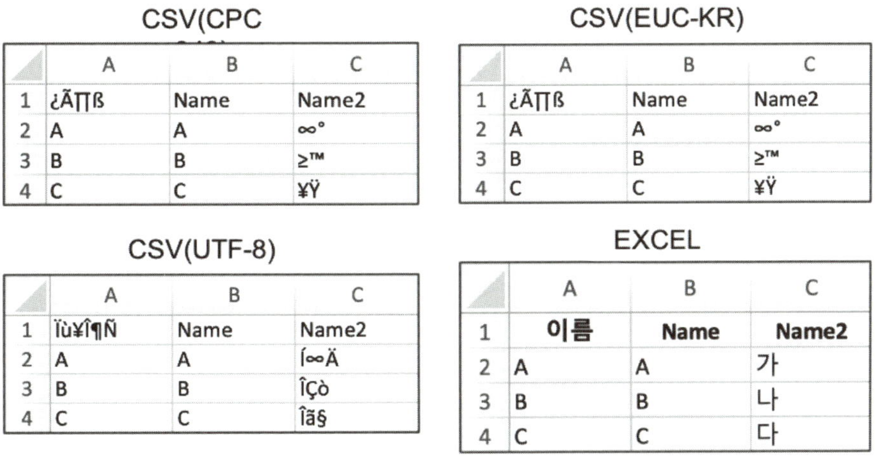

[그림 2-23] 인코딩 오류로 CSV 파일을 열 때 한글이 깨지는 현상

이 파일들을 Excel로 열어보면 [그림 2-23]과 같이 xlsx 파일을 제외한 다른 csv 파일들은 한글이 모두 깨져서 출력됩니다. 그 이유는 Excel이 한글을 제대로 인식하려면 인코딩 정보가 필요한데, CSV 파일을 열 때 그런 정보를 설정하지 않고 열기 때문입니다.

Windows Excel(Microsoft Office 365)에서 CSV 파일을 열 때에는 [그림 2-24]처럼 [데이터] 탭에서 [텍스트/CSV]를 실행한 후 불러올 CSV 파일을 선택하면 팝업창이 열리는데, 왼쪽에 있는 [파일원본] 메뉴에서 인코딩을 설정할 수 있습니다. 디폴트는 '949 : 한국어'입니다. 인코딩이 UTF-8으로 되어 있는 df_utf8.csv 파일을 선택하면 그림처럼 팝업창의 미리보기 칸에 한글이 깨져서 출력됩니다. [파일원본] 메뉴에서 인코딩을 '65001 : 유니코드(UTF-8)'로 바꾸면 한글이 제대로 출력됩니다. 적절한 인코딩을 설정하고 다른 메뉴들도 확인한 다음에 마지막으로 오른쪽 하단의 [로드]를 클릭하면 CSV 파일의 데이터가 Excel에 제대로 불러와집니다.

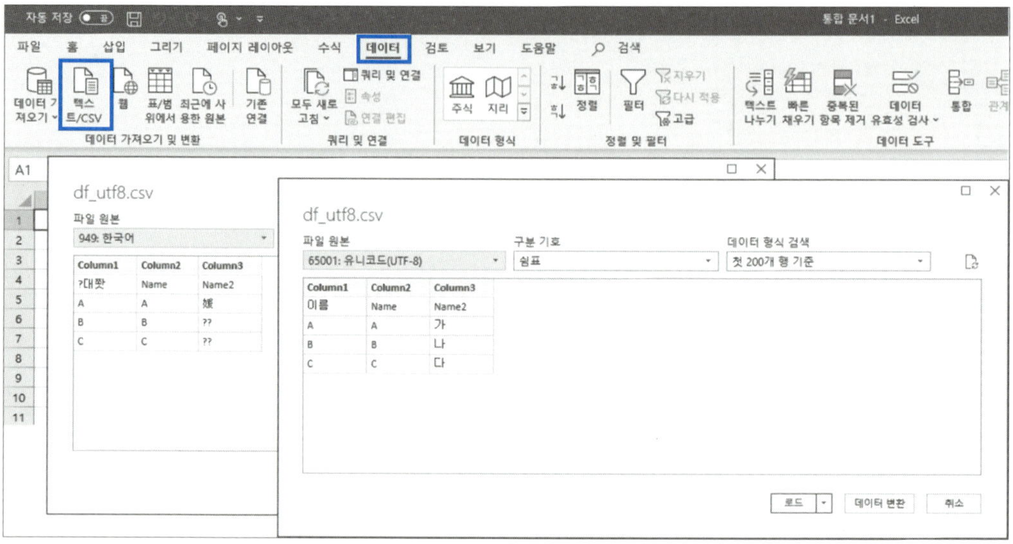

[그림 2-24] Excel에서 특수한 인코딩(예: UTF-8) CSV 파일을 임포트할 때 Windows 화면

Mac의 경우에는 [그림 2-25]처럼 [File] → [Import] → [CSV file]을 선택한 다음, [File origin]을 해당 인코딩형식[Unicode(UTF-8), Korean(EUC), Korea(Mac OS), Korean(Windows, DOS) 중 선택]으로 선택하면 제대로 열리게 됩니다.

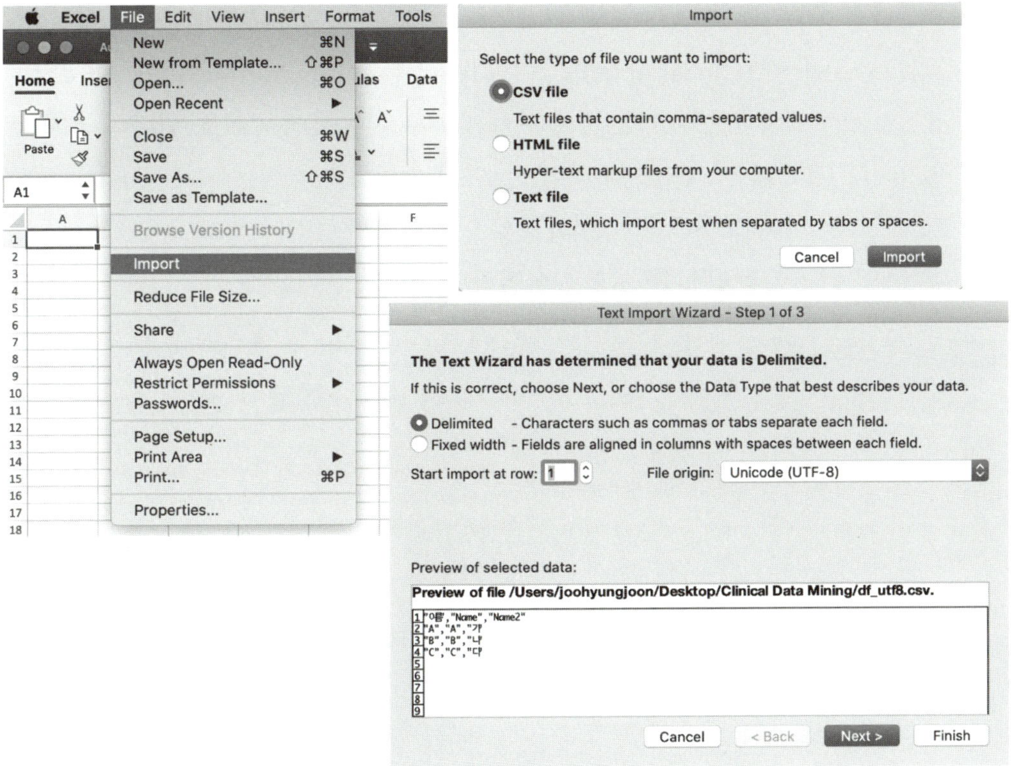

[그림 2-25] Excel에서 특수한 인코딩(예: UTF-8) CSV 파일을 임포트할 때 Mac 화면

R에서 UTF-8으로 인코딩된 CSV 파일을 불러올 때에는 아래와 같이 read.csv() 함수에 encoding 옵션을 "utf-8"으로 설정하면 됩니다.

```
df_utf8 <- read.csv("df_utf8.csv")
df_euc <- read.csv("df_euc.csv",
                   fileEncoding="euc-kr",
                   encoding="utf-8")
df_cp949 <- read.csv("df_cp949.csv",
                     fileEncoding="cp949",
                     encoding="utf-8")
df_xlsx <- read_xlsx("df.xlsx", col_types = "text")
```

혹은 [그림 2-26]과 같이 [Tools] 탭에 있는 기능을 사용하여 파일을 불러올 수도 있습니다. [Tools] → [Global options...] → [Code] → [Saving]에 디폴트 인코딩이 UTF-8으로 설정되어 있으면 별도의 인코딩 옵션을 사용하지 않아도 됩니다. 그러나 EUC-KR이나 CPC949로 인코딩되어 있는 CSV 파일의 경우에는 fileEncoding 옵션으로 EUC-KR이나 CPC949와 같은 파일의 인코딩 정보를 입력하고, encoding 옵션을 R studio의 디폴트 값인 UTF-8으로 설정하면 제대로 불러올 수 있습니다.

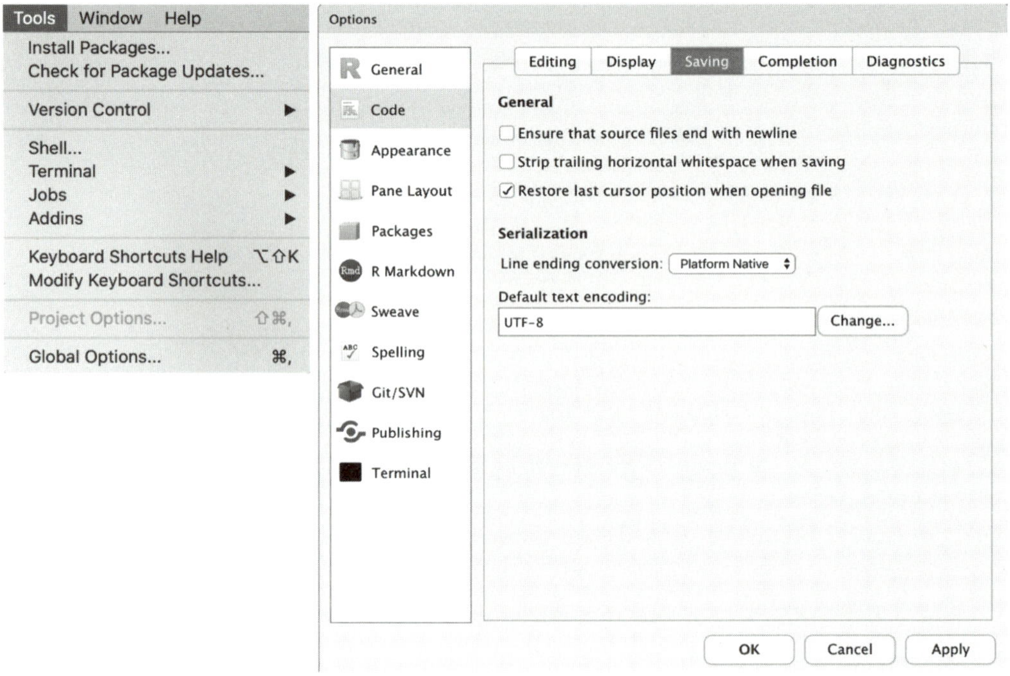

[그림 2-26] R studio의 디폴트 인코딩을 UTF-8으로 설정하는 방법

4-2 데이터 합치기

1) 데이터 합치기 (세부기관)

연구의 주관기관(혹은 Core Lab, 총괄기관이라고 합니다)으로부터 데이터 점검을 요청받는 상황을 가정해보겠습니다. 연구를 수행할 때 개인정보를 보호하기 위해 환자케이스에 연구번호라는 별도의 무의미 코드를 부여하여 관리합니다. 주관기관에서 데이터를

점검해달라는 요청이 와서 세부기관이 그 케이스를 확인하기 위해서는 해당 케이스의 환자의 병원 등록번호가 필요합니다. 이를 위해서 세부기관은 환자의 연구번호(연구를 위해 새로이 부여받은 번호, 본 예제에서는 Index에 해당)와 병원 등록번호가 매핑되어 있는 메타테이블을 별도로 관리하고 있습니다. 모니터에 2개의 파일(연구데이터, 메타데이터)을 각각 띄워놓고 양쪽을 번갈아 볼 수도 있지만 이 방법은 굉장히 번거롭습니다. 그보다는 2개의 파일을 합쳐서 정리 작업을 하고, 주관기관에 보낼 때는 환자 등록번호 컬럼을 삭제하고 보내는 것이 편리합니다. 정리하면, 이 경우는 2개의 데이터프레임을 연구번호(Index)를 기준으로 합치는 작업입니다.

```
합친 데이터이름 <- merge(x=메타데이터이름, y=연구데이터이름, by = '연구번호변수명', all.y = TRUE)
  all = TRUE : 양쪽 테이블에 있는 모든 행을 모두 포함한다.
  all.x = TRUE : x 테이블에 있는 모든 행을 포함한다.
  all.y = TRUE : y 테이블에 있는 모든 행을 포함한다.
  default : 양쪽 테이블의 동일한 '연구번호'가 있는 행만 포함한다.
```

① Hospital_A에 대한 병원등록번호가 있는 메타데이터 만들기

연습을 위해 Hospital_A의 Index에 대응하는 임의의 병원등록번호(ID) 메타테이블을 만들겠습니다.

```
# dat23에서 Hospital_A 데이터 분리하기
Hospital_A <- dat23[dat23$Hosp=="Hospital_A",]

# Index만 분리하기
Index <- Hospital_A[,c("Index")]

# 병원등록번호(ID) 생성하기 (stringi 패키지)
# 0~9를 사용하여 8자리의 코드를 700개 생성
library(stringi)
ID <- stri_rand_strings(700, 8, '[0-9]')

# ID와 Index로 이루어진 메타테이블 생성
Hospital_A_Meta <- data.frame(ID, Index)
summary(Hospital_A_Meta)
```

```
        ID                    Index
Length:700          A-0001 : 1
Class :character  A-0002 : 1
Mode  :character  A-0003 : 1
                    A-0004 : 1
                    A-0005 : 1
                    A-0006 : 1
                    (Other):694
```

stri_rand_strings(n, length, pattern = "[A-Za-z0-9]")
:설정한 자릿수(length) 및 패턴(pattern)에 맞는 코드를 무작위로 n개를 생성한다.

② Hospital_A_Meta와 Hospital_A 합치기

```
# merge()를 사용하여 2개의 데이터세트를 합침
Hospital_A.final <- merge(x=Hospital_A_Meta, y=Hospital_A,
                          by="Index", all.y = TRUE)
head(Hospital_A.final[,c("Index", "ID", "Hosp", "Dx", "Age",
     "Sex", "PCI_DATE" )], n=10)
```

```
    Index        ID        Hosp Dx Age Sex   PCI_DATE
1  A-0001 73038307 Hospital_A  2  78   F 2013-01-14
2  A-0002 94419217 Hospital_A  2  73   M 2013-01-15
3  A-0003 65930379 Hospital_A  2  75   M 2013-01-16
4  A-0004 37722496 Hospital_A  2  74   M 2013-01-17
5  A-0005 77319037 Hospital_A  2  66   M 2013-01-17
6  A-0006 55469236 Hospital_A  3  44   M 2013-01-17
7  A-0007 65241753 Hospital_A  4  73   M 2013-01-19
8  A-0008 92641620 Hospital_A  2  74   M 2013-01-21
9  A-0009 15592977 Hospital_A  3  74   F 2013-01-21
10 A-0010 77851231 Hospital_A  4  74   M 2013-01-22
```

2) 데이터 합치기 (주관기관)

이제 다시 데이터를 정리하는 주관기관의 입장에서 작업을 계속하겠습니다. 각 기관에서 검토하고 수정한 데이터 파일들이 도착했습니다. 이 파일들을 다시 합쳐야 합니다. 우선 파일을 하나씩 모두 열어보고 대략적으로 확인합니다. 그런 다음 앞에서 설명한 방법을 이용하여 R로 불러들인 후 다시 검토합니다. 검토 순서는 다음과 같습니다.

> **Keypoint**
>
> ① 행과 열의 개수 확인하고 맞추기: dim() 함수
>
> ② 변수이름이 바뀌지 않았는지 확인하고 수정하기: names() 함수
>
> ③ 실제 데이터가 제대로 입력되었는지 확인하기: str() 함수 혹은 dfstr() 함수
>
> ④ 데이터 합치기

① 행과 열의 개수 확인하고 맞추기

```
dim(Hospital_A)
```

```
[1] 700 87
```

Hospital_A는 700개의 행과 87개의 열로 구성되어 있습니다. 각 기관에서 데이터를 수정하면서 열(변수)을 추가하거나 행(케이스)을 추가했는지 확인합니다.

② 변수이름이 바뀌지 않았는지 확인하고 수정하기

```
head(names(Hospital_A), n=10)
 [1] "Hosp"   "Index" "Dx"  "Age"  "Sex"  "Smoking"  "Height"
 [8] "Weight" "BMI"    "HTN"
```

변수명을 일일이 확인해야 합니다. 아래 ComparisonNames()는 제가 만든 함수입니다. 여러분도 자주 사용할 것 같은 기능은 만들어서 그때그때 활용하면 편리합니다. ComparisonNames()의 x, y에 비교하려는 데이터프레임 2개의 이름을 입력하면 Result라는 리스트를 반환합니다. Result 리스트의 첫 번째 원소는 데이터프레임 y에

없고 데이터프레임 x에 있는 변수이름들이고, 두 번째 원소는 데이터프레임 x에 없고 데이터프레임 y에 있는 변수이름들입니다.

```
ComparisonNames <- function(x,y){
Result = NULL
Col_names1 = names(x); Col_names3 = names(x)
Col_names2 = names(y); Col_names4 = names(y)
for(i in 1:length(Col_names1)){
  for(m in 1:length(Col_names2)){
   ifelse(Col_names1[i] == Col_names2[m],
           Col_names1 = Col_names1[-i], Col_names1[i])
  }
}
for(i in 1:length(Col_names4)){
  for(m in 1:length(Col_names3)){
   ifelse(Col_names4[i] == Col_names3[m],
           Col_names4 = Col_names4[-i], Col_names4[i])
  }
 }
Result[[1]] = Col_names1
Result[[2]] = Col_names4
return(
  Result
)
}

ComparisonNames(Hospital_A, dat1)
```

```
[[1]]
 [1] "PCI_yrmo"                  "PCI_year"
 [3] "STENT_Total"               "TotalNoST2"
 [5] "STENT.total.length"        "STENT.DIA.MIN"
 [7] "LESION_VESSEL.total.raw"   "LESION_VESSEL.total"
 [9] "LESION_VESSEL.lad"         "LESION_VESSEL.lcx"
[11] "LESION_VESSEL.rca"         "LESION_VESSEL.lm"
[13] "LESION_VESSEL.ramus"       "LESION_VESSEL.other"
[15] "Targetlesion_final"        "DATE.MIN"
[17] "DATE.MAX"
```

```
[[2]]
 [1] "LAD_YN"            "LCX_YN"            "RCA_YN"
 [4] "LM_YN"             "RAMUS_YN"          "Targetlesion"
 [7] "NoDzVV"            "TotalNoST"         "LESION_0"
[10] "LESION_VESSEL"     "STENT1"            "STENT1_DIA"
[13] "STENT1_LEN"        "STENT2"            "STENT2_DIA"
[16] "STENT2_LEN"        "STENT3"            "STENT3_DIA"
[19] "STENT3_LEN"        "STENT4"            "STENT4_DIA"
[22] "STENT4_LEN"        "LESION_0.1"        "LESION_VESSEL.1"
[25] "STENT1.1"          "STENT1_DIA.1"      "STENT1_LEN.1"
[28] "STENT2.1"          "STENT2_DIA.1"      "STENT2_LEN.1"
[31] "STENT3.1"          "STENT3_DIA.1"      "STENT3_LEN.1"
[34] "STENT4.1"          "STENT4_DIA.1"      "STENT4_LEN.1"
[37] "LESION_0.2"        "LESION_VESSEL.2"   "STENT1.2"
[40] "STENT1_DIA.2"      "STENT1_LEN.2"      "STENT2.2"
[43] "STENT2_DIA.2"      "STENT2_LEN.2"      "STENT3.2"
[46] "STENT3_DIA.2"      "STENT3_LEN.2"      "STENT4.2"
[49] "STENT4_DIA.2"      "STENT4_LEN.2"      "LESION_0.3"
[52] "LESION_VESSEL.3"   "STENT1.3"          "STENT1_DIA.3"
[55] "STENT1_LEN.3"      "STENT2.3"          "STENT2_DIA.3"
[58] "STENT2_LEN.3"      "STENT3.3"          "STENT3_DIA.3"
[61] "STENT3_LEN.3"      "STENT4.3"          "STENT4_DIA.3"
[64] "STENT4_LEN.3"
```

변수의 이름을 수정할 때는 rename() 함수를 사용합니다.

```
데이터이름 <- rename(데이터이름, "바뀔 변수명" = "바꿀 변수명")
```

③ 실제 데이터가 제대로 입력되었는지 확인하기

데이터프레임 내의 변수 타입(class)과 그 내용을 확인해봅니다.

```
str(Hospital_A)
```

```
'data.frame'     :  700 obs. of 87 variables:
$ Hosp           : Factor w/ 9 levels "Hospital_A","Hospital_B",..: 1 ...
$ Index          : Factor w/ 11164 levels "A-0001","A-0002",..: 1 2 3 ...
$ Dx             : Factor w/ 6 levels "1","2","3","4",..: 2 2 2 2 2 3 ...
$ Age            : int 78 73 75 74 66 44 73 74 74 74 ...
$ Sex            : Factor w/ 2 levels "F","M": 1 2 2 2 2 2 2 2 1 2 ...
$ Smoking        : Factor w/ 4 levels "0","1","2","Unknown": 2 1 1 1 2...
$ Height         : int 159 170 164 163 172 158 170 174 172 175 ...
$ Weight         : int 55 63 63 50 83 59 73 76 71 84 ...
$ BMI            : int 22 21 23 18 28 23 25 24 23 26 ...
$ HTN            : Factor w/ 3 levels "0","1","Unknown": 2 1 1 1 1 1 ...
$ DM             : Factor w/ 3 levels "0","1","Unknown": 2 1 1 1 1 1 ...
$ Dyslipid       : Factor w/ 3 levels "0","1","Unknown": 2 1 1 1 1 1 ...
$ FH_CAD         : Factor w/ 3 levels "0","1","Unknown": 1 1 1 1 1 1 ...
$ PRE_MI         : Factor w/ 3 levels "0","1","Unknown": 1 2 1 1 1 1 ...
$ PRE_PCI        : Factor w/ 3 levels "0","1","Unknown": 1 1 1 2 1 1 ...
$ PRE_CABG       : int 0 0 0 0 0 0 0 0 0 0 ...
$ PRE_CVA        : Factor w/ 3 levels "0","1","Unknown": 1 1 1 1 1 1 ...
$ CHF            : int 0 0 0 0 0 0 0 0 0 0 ...
(중략)
$ LVEF           : Factor w/ 428 levels ">7","14","15",..: 394 281 ...
$ WBC            : num 5.85 5.99 7.52 5.04 6.25 ...
$ HB             : num 13.9 12.7 10.2 10.6 15 15.4 10.9 12.6 11.9 1 ...
$ PLATELET       : int 252 315 145 179 129 261 284 168 324 224 ...
$ BUN            : num 17 10.8 14.8 12.6 9.1 16.6 16.2 13.7 10 13.1 ...
$ CR             : num 6.7 0.6 0.7 0.9 0.9 0.6 0.8 1 1.8 0.5 ...
$ CRP            : num NA NA NA 5.09 8.22 NA 1.53 NA NA NA ...
$ AST            : int 42 24 34 27 34 23 39 NA 26 39 ...
$ ALT            : int 26 12 17 29 28 21 13 NA 26 24 ...
$ TC             : int 191 183 253 204 207 162 159 103 131 100 ...
$ TG             : int 269 77 57 105 298 70 112 76 109 146 ...
$ HDL            : int 41 40 48 76 40 62 37 31 34 25 ...
$ LDL            : int 115 130 147 113 109 83 109 59 81 59 ...
$ FBG            : int 167 101 131 90 150 98 130 NA 205 85 ...
$ ASP            : int 1 1 1 1 1 1 1 1 1 1 ...
$ CLOP           : int 1 1 1 1 1 1 1 1 1 1 ...
(중략)
$ Enroll_DATE    : Date, format: "2013-01-14" "2013-01-16" ...
$ PCI_DATE       : Date, format: "2013-01-14" "2013-01-15" ...
```

```
$ VERI_P_DATE    : Date, format: "2013-01-14" "2013-01-17" ...
$ DIS_DATE       : Date, format: "2013-01-16" "2013-01-26" ...
$ FINAL_FU_DATE  : Date, format: "2014-02-22" "2014-02-26" ...
$ TOTAL_DEATH    : Factor w/ 2 levels "0","1": 1 1 2 1 1 1 1 1 ...
$ CV_DEATH       : int 0 0 1 0 0 0 0 0 0 0 ...
$ DEATH_DATE     : Date, format: NA NA ...
$ MI_YN          : int 0 0 0 0 0 0 0 0 0 0 ...
$ MI_DATE        : Date, format: NA NA ...
(이하 생략)
```

str()는 변수의 타입(Class)과 함께 실제 입력된 값들을 예시로 출력합니다. Factor형의 경우 level이 몇 개나 되는지 표시해주고, 처리되는 인수(1, 2, 3, … 등)를 출력합니다. Hospital_A 데이터세트의 경우 Hosp 변수를 보면 Factor형으로 9개의 level이 있으며, level은 Hospital_A, Hospital_B…로 이루어져 있고, 알파벳 순서대로 1~9까지 level을 할당하였을 때 실제 입력값들이 행 순서대로 1, 1, 1, … 즉 Hospital_A, Hospital_A, Hospital_A, …임을 알 수 있습니다. Hostpial_A 데이터세트는 Hospital_A만 추출하여 만든 데이터세트인데 level 수가 왜 9개나 될까요? 그 이유는 실제 데이터는 Hospital_A만 있더라도 factor의 인자는 그대로 남기 때문입니다(droplevels() 함수를 사용하면 실제 입력값이 없는 인자를 삭제할 수 있습니다). 다시 말해 str() 함수는 factor형 변수에 대해서 level을 보여주기 때문에 실제 입력값의 종류와 다를 수 있고, 더구나 실제 입력값을 예로 보여주는 게 아니라 1, 2, 3, …과 같은 level의 인덱스값을 보여주기 때문에 데이터를 파악하기 어렵습니다.

```
# 전체 데이터세트에서 실제 입력값이 없는 인자의 level 삭제 (droplevels())
# for()문을 사용하여 Hospital_A 데이터세트에 있는 factor형 변수들에 대해 droplevels() 함수를 적용

for(i in 1:length(names(Hospital_A))){
 ifelse(class(Hospital_A[[i]]) == "factor",
  Hospital_A[[i]] <- droplevels(Hospital_A[[i]]), Hospital_A[[i]])
}
```

그 밖에 예시값들을 순서대로 보여주기 때문에 실제값들을 확인하지 못한다는 점, ASP(아스피린 복용 여부), CLOP(클로피도그렐 복용 여부) 변수처럼 카테고리 변수에 0, 1, 2와 같은 정수형 값을 입력한 경우에는 int 타입으로 인식해서 카테고리의 종류가 얼마나 되는지 알 수 없다는 점 등이 str() 함수로 데이터의 구조를 대략적으로 파악할 때에 아쉬운 점들이라고 할 수 있습니다.

아래는 이러한 단점을 보완하기 위해 제가 만든 dfstr() 함수입니다. 변수명은 Var_name, 데이터 타입(class)은 Var_class, 데이터값의 종류는 Var_width, 실제 입력값은 Var_examples라는 변수에 입력하였습니다.

```
# dfstr() 코드 (dataframe structure)
dfstr <- function(x){
 Var_name = names(x)
 Var_class = NULL;Var_example = NULL;Var_width = NULL
 Value_min = NULL;Value_name = NULL;Var_examples = NULL
 for(i in 1:ncol(x)){
  Var_class[i] = class(x[,c(i)])
  Value_name = names(sort(table(x[,c(i)]), decreasing = F))
  Var_width[i] = paste0("[",length(Value_name),"]")
  for(m in 1:length(Value_name)){
   Var_example = paste(Var_example, Value_name[m])
  }
  Var_examples[i] = Var_example
  Var_example = ""
 }
 Var_examples = ifelse(nchar(Var_examples)<30, Var_examples,
                       paste0(substring(Var_examples,1,27),"..."))
 Data.summary = data.frame(Var_name, Var_class,
                           Var_width, Var_examples)
 return(Data.summary)
}
```

Hospital_A에 dfstr()을 적용해보겠습니다.

```
dfstr(Hospital_A)
```

```
         Var_name  Var_class  Var_width                 Var_examples
1            Hosp     factor        [1]                   Hospital_A
2           Index     factor      [700]  A-0001 A-0002 A-0003 A-000...
3              Dx     factor        [5]                    4 5 3 1 2
4             Age    integer       [54]   39 88 89 91 94 38 41 42 45...
5             Sex     factor        [2]                          F M
6         Smoking     factor        [3]                        2 1 0
7          Height    integer       [50]  126 139 180 181 182 183 18...
8          Weight    integer       [62]   32 36 40 93 95 96 97 107 1...
9             BMI    integer       [23]   15 36 42 34 35 16 33 32 17...
10            HTN     factor        [2]                          0 1
11             DM     factor        [2]                          1 0
12       Dyslipid     factor        [2]                          1 0
13         FH_CAD     factor        [2]                          1 0
14         PRE_MI     factor        [2]                          1 0
15        PRE_PCI     factor        [2]                          1 0
16       PRE_CABG    integer        [2]                          1 0
17        PRE_CVA     factor        [2]                          1 0
18            CHF    integer        [2]                          1 0
(중략)
25           LVEF     factor      [199]  26.28 28 31 34 35.62 37.5 ...
26            WBC    numeric      [410]  2.25 2.52 3.02 3.04 3.05 3...
27             HB    numeric       [96]   6 7.2 7.4 7.9 8.2 8.4 9 9....
28       PLATELET    integer      [245]   42 68 80 82 83 84 85 89 96...
29            BUN    numeric      [221]   4.4 6 6.1 6.7 7.5 7.8 8.8 ...
30             CR    numeric      [113]  0.52 0.54 0.57 0.61 0.77 0...
31            CRP    numeric      [242]  0.024 0.026 0.031 0.033 0....
32            AST    integer      [103]   -5 -2 0 54 59 60 63 67 68 ...
33            ALT    integer       [75]   0 1 2 53 57 60 76 79 81 83...
34             TC    integer      [170]   76 77 79 85 89 94 95 97 99...
35             TG    integer      [245]   25 34 35 37 39 42 54 88 14...
36            HDL    integer       [68]   18 21 22 63 71 72 76 83 86...
37            LDL    integer      [156]   19 27 28 34 38 40 42 44 46...
38            FBG    integer      [179]   26 60 61 65 66 68 69 75 79...
39            ASP    integer        [2]                          0 1
40           CLOP    integer        [2]                          0 1
```

```
(중략)
53    Enroll_DATE      Date      [306]   2013-01-14 2013-01-19 2013...
54       PCI_DATE      Date      [309]   2013-01-14 2013-01-15 2013...
55    VERI_P_DATE      Date      [301]   2012-10-27 2013-01-14 2013...
56       DIS_DATE      Date      [342]   2013-01-16 2013-01-22 2013...
57  FINAL_FU_DATE      Date      [332]  2013-04-04 2013-05-08 2013...
58    TOTAL_DEATH    factor        [2]                            1 0
59       CV_DEATH   integer        [2]                            1 0
60     DEATH_DATE      Date       [12]   2013-04-04 2013-07-15 2013...
61          MI_YN    intege        [2]                            1 0
62        MI_DATE      Date        [6]   2013-08-11 2013-11-19 2014...
(이하 생략)
```

dfstr()의 Var_width는 입력된 값의 종류의 개수를 나타냅니다. 따라서 factor형 변수뿐만 아니라 다른 모든 타입의 변수의 실제 입력값 가짓수를 출력합니다. 또한 Var_examples(실제 입력된 값)은 실제 입력값 가짓수의 입력 빈도를 계산하여 오름차순으로 정렬한 다음, 입력값 문자열을 합치고, 글자 수를 세어 27자리에서 잘라서 출력합니다. 오름차순으로 정렬한 이유는 각 세부기관에서 수정한 값의 빈도는 적을 것이라고 가정하고, 혹시 예상하지 못한 값이 추가되었는지 확인하기 위해서입니다. dfstr() 내 코드를 Value_name <- names(sort(table(x[,c(i)]), decreasing = T))로 수정하면 내림차순으로 변경할 수 있습니다. 글자 수 제한을 없애고 싶으면 Var_examples <- ifelse(nchar(Var_examples)<30, Var_examples, paste0(substring(Var_examples, 1, 27),"…"))를 삭제하면 됩니다.

Hospital_A에 대한 출력 결과를 살펴보면, Hosp 변수에 대하여 str()에서는 9 level로 출력되었지만 dfstr()에서는 실제 입력값인 'Hospital_A' 하나를 출력하였습니다. HTN, HB 변수를 살펴보면, dfstr()에서는 factor형뿐만 아니라 다른 데이터 타입에 대해서도 입력값의 종류와 빈도에 따른 실제 예시값들을 출력해주는 장점이 있다는 것을 알 수 있습니다.

(4) 데이터 합치기

변수의 이름과 개수가 정확히 맞으면 rbind()를 써서 데이터를 쉽게 합칠 수 있습니다. 만약 여러 개의 데이터를 합쳐야 하면 data.table 패키지의 rbindlist()를 사용합니다.

- 합칠 데이터세트 2개

새로운 데이터세트 이름 <- rbind(합칠 데이터세트 이름1, 합칠 데이터세트 이름2)

- 합칠 데이터세트 3개 이상

library(data.table)
데이터세트 리스트 이름 <- list(합칠 데이터세트 이름1, 합칠 데이터세트 이름2, 합칠 데이터세트 이름3)
새로운 데이터세트 이름 <- rbindlist(데이터세트 리스트 이름)

```
library(data.table)

lst <- list(Hospital_A, Hospital_B, Hospital_C)
Hospital_ABC <- rbindlist(lst)

nrow_A <- nrow(Hospital_A);nrow_B <- nrow(Hospital_B)
nrow_C <- nrow(Hospital_C);nrow_ABC <- nrow(Hospital_ABC)

cat(nrow_A, nrow_B, nrow_C, nrow_ABC, sum(nrow_A, nrow_B, nrow_C))
```

```
700 2299 1899 4898 4898
```

chapter 3

데이터 분석 및 시각화

1 데이터 그룹핑하기
2 데이터 분석 및 시각화

사실 데이터 수집 및 정제 작업은 끝이 없는 작업입니다. 실질적인 데이터 분석에 들어가기 전에 연구운영위원회(steering committee)에서 추가적인 자료 수집과 보충 작업을 종료(closure)하고, 통계적 분석이 가능하도록 충분히 오류를 수정한 다음, 데이터베이스 잠금처리(database locking)를 합니다. 2장까지의 작업이 데이터베이스 잠금처리 전까지의 작업이라면, 이번 3장부터는 실제 임상연구에서 많이 사용하는 데이터 분석 방법들을 간략하게 소개하겠습니다.

1 데이터 그룹핑하기

임상연구에서 많이 하는 대표적인 연구 방법으로 환자-대조군 연구(case-control study)가 있습니다. 환자-대조군 연구는 연구자가 가설을 세우고, 그 가설을 설명하기 위해 연구집단을 선정하여 그룹핑한 다음, 분석을 통해 그룹 간의 차이를 통계학적으로 검증하는 연구입니다. 연구의 가설과 목적에 따라 다양한 변수와 기준으로 그룹핑할 수 있겠지만, 이번 예제는 CYP2C19유전자의 여러 아형(subtype)을 3가지로 그룹핑하고, 이 세 그룹의 차이가 예후에 미치는 영향을 분석할 것입니다.

CYP2C19 유전자의 여러 아형에는 어떤 것이 있는지 table() 함수로 확인해보겠습니다.

```
dat24 <- dat23
table(dat24$CYP2C19)
```

```
*1/*1 *1/*17  *1/*2  *1/*3 *2/*17  *2/*2  *2/*3 *3/*17  *3/*3
 2476     83   2101    721     35    442    313     10     64
```

변수를 확인해보니 9가지가 있습니다. CYP2C19 유전자형 그룹핑에 대한 이해를 돕기 위해 유전자형에 대해 간단하게 설명하겠습니다. 사람은 아버지와 어머니로부터 유전자를 각각 하나씩 받아서 쌍으로 가지고 있습니다. CYP2C19 유전자에 대해서 수십 개의 대립유전자가 알려져 있지만, 본 예제 연구에서는 *1을 기준(정상) 대립유전자(allele)로 하고, 임상적으로 연구가 많이 이루어진 *2, *3 [기능 상실(loss-of-function, LOF) 대립유전자], *17 [기능 획득(gain-of-function) 대립유전자]로 분류하여 데이터를 수집하였습니다. ifelse() 함수를 사용하여 10개의 유전자형 조합을 아래의 4가지로 다시 그룹핑하였습니다. 앞 장의 카테고리 정리와 같은 내용입니다.

① 그룹1(정상, Control): *1/*1
② 그룹2(CYP2C19 기능상실군, LOF): *1/*2, *1/*3, *2/*2, *2/*3, *3/*3
③ 그룹3(CYP2C19 기능획득군, GOF): *1/*17
④ 그룹4(혼재된 군, Mix): *2/*17, *3/*17

```
dat24 <- dat23
dat24$gCYP2C19 <- ifelse(dat24$CYP2C19=="*1/*1", "Control",
                   ifelse(dat24$CYP2C19=="*1/*17", "GOF",
                    ifelse(dat24$CYP2C19=="*2/*17", "Mixed",
                     ifelse(dat24$CYP2C19=="*3/*17", "Mixed",
                      ifelse(dat24$CYP2C19=="*1/*2", "LOF",
                       ifelse(dat24$CYP2C19=="*1/*3", "LOF",
                        ifelse(dat24$CYP2C19=="*2/*2", "LOF",
                         ifelse(dat24$CYP2C19=="*2/*3", "LOF",
                          ifelse(dat24$CYP2C19=="*3/*3", "LOF",
                           dat24$CYP2C19)))))))))

table(dat24$gCYP2C19, useNA = "always")
```

```
Control   GOF   LOF Mixed  <NA>
   2476    83  3641    45  4863
```

혹은 다음과 같이 코딩할 수도 있습니다.

```
dat24$gCYP2C19 <- ""
dat24$gCYP2C19 <- ifelse(dat24$CYP2C19=="*1/*1",
                         "Control", dat24$gCYP2C19)
dat24$gCYP2C19 <- ifelse(dat24$CYP2C19=="*1/*17",
                         "GOF", dat24$gCYP2C19)
dat24$gCYP2C19 <- ifelse(dat24$CYP2C19=="*2/*17",
                         "Mixed", dat24$gCYP2C19)
dat24$gCYP2C19 <- ifelse(dat24$CYP2C19=="*3/*17",
                         "Mixed", dat24$gCYP2C19)
dat24$gCYP2C19 <- ifelse(dat24$CYP2C19=="*1/*2",
                         "LOF", dat24$gCYP2C19)
dat24$gCYP2C19 <- ifelse(dat24$CYP2C19=="*1/*3",
                         "LOF", dat24$gCYP2C19)
dat24$gCYP2C19 <- ifelse(dat24$CYP2C19=="*2/*2",
                         "LOF", dat24$gCYP2C19)
dat24$gCYP2C19 <- ifelse(dat24$CYP2C19=="*2/*3",
                         "LOF",dat24$gCYP2C19)
dat24$gCYP2C19 <- ifelse(dat24$CYP2C19=="*3/*3",
                         "LOF",dat24$gCYP2C19)
```

여기서 중요한 것은 dat24$gCYP2C19 <- ""처럼 새로운 변수를 미리 설정해주어야 한다는 점입니다. 만약 미리 설정해주지 않고 작성하면 다음과 같은 에러메시지가 출력됩니다.

```
Error in ans[npos] <- rep(no, length.out = len)[npos] :
 replacement has length zero
In addition: Warning message:
In rep(no, length.out = len): 'x' is NULL so the result will be NULL
```

within() 함수는 앞의 R 기초 부분에서 '많이 쓰는 기본 함수'로 소개한 with()와 유사한 함수입니다. within() 함수 내에서 데이터프레임 이름과 $를 일일이 쓰지 않아도 데이터프레임이나 리스트의 변수명만을 가지고 표현할 수 있습니다. with() 함수와의 차이점은 within()은 데이터의 수정 및 변경이 가능하다는 점입니다. 다음 코드를 보면 dat24를 반복해서 붙일 필요가 없기 때문에 코드의 가독성이 높아지는 것을 알 수 있습니다.

```
dat24 <- within(dat24,{
 CYP2C19 <- as.character(CYP2C19)
 gCYP2C19 <- ""
 gCYP2C19 <- ifelse(CYP2C19=="*1/*1", "Control",gCYP2C19)
 gCYP2C19 <- ifelse(CYP2C19=="*1/*17", "GOF",gCYP2C19)
 gCYP2C19 <- ifelse(CYP2C19=="*2/*17", "Mixed",gCYP2C19)
 gCYP2C19 <- ifelse(CYP2C19=="*3/*17", "Mixed",gCYP2C19)
 gCYP2C19 <- ifelse(CYP2C19=="*1/*2", "LOF",gCYP2C19)
 gCYP2C19 <- ifelse(CYP2C19=="*1/*3", "LOF",gCYP2C19)
 gCYP2C19 <- ifelse(CYP2C19=="*2/*2", "LOF",gCYP2C19)
 gCYP2C19 <- ifelse(CYP2C19=="*2/*3", "LOF",gCYP2C19)
 gCYP2C19 <- ifelse(CYP2C19=="*3/*3", "LOF",gCYP2C19)
 })
```

다음 코드처럼 case_when() 함수를 사용하여 gCYP2C19, ifelse를 반복적으로 쓰는 것도 줄일 수 있습니다.

```
dat24 <- within(dat24, {
 CYP2C19 <- as.character(CYP2C19)
 gCYP2C19 <- case_when(
   CYP2C19=="*1/*1" ~ "Control",
   CYP2C19=="*1/*17" ~ "GOF",
   CYP2C19=="*2/*17" ~ "Mixed",
   CYP2C19=="*3/*17" ~ "Mixed",
   CYP2C19=="*1/*2" ~ "LOF",
   CYP2C19=="*1/*3" ~ "LOF",
   CYP2C19=="*2/*2" ~ "LOF",
   CYP2C19=="*2/*3" ~ "LOF",
   CYP2C19=="*3/*3" ~ "LOF",
   TRUE ~ CYP2C19
)})
```

마지막으로 다음 코드는 within()을 이용하여 객체지향적으로 작성한 코드입니다.

```
dat24 <- within(dat24, {
 gCYP2C19 <- ""
 gCYP2C19[CYP2C19=="*1/*1"] <- "Control"
 gCYP2C19[CYP2C19=="*1/*17"] <- "GOF"
 gCYP2C19[CYP2C19=="*2/*17"] <- "Mixed"
 gCYP2C19[CYP2C19=="*3/*17"] <- "Mixed"
 gCYP2C19[CYP2C19=="*1/*2"] <- "LOF"
 gCYP2C19[CYP2C19=="*1/*3"] <- "LOF"
 gCYP2C19[CYP2C19=="*2/*2"] <- "LOF"
 gCYP2C19[CYP2C19=="*2/*3"] <- "LOF"
 gCYP2C19[CYP2C19=="*3/*3"] <- "LOF"
 })
```

2 데이터 분석 및 시각화

2-1 그룹별 단면 분석

1) Baseline Clinical Characteristics 분석

임상연구에서 가장 기본이 되는 것은 연구집단에 대한 기초적인 임상적 특성(baseline clinical characteristics)을 파악하는 것입니다. 이러한 탐색적 자료 분석에는 앞에서도 언급했던 moonBook 패키지의 mytable() 함수가 매우 유용합니다. 분석한 결과 테이블을 CSV 파일로 저장한 다음에 Excel로 열어서 쉽게 편집할 수 있습니다.

```
require(moonBook) # moonBook 패키지 불러오기
# A2에 mytable() 실행 결과 할당
A2 <- mytable(gCYP2C19 ~ Age + Sex + Dx + Smoking + HTN +
              CYP2C19 + HB + CR + CLOP + PCI_DATE, data=dat24)
# A2를 CSV 파일로 저장
mycsv(A2, file="A2.csv")
```

mytable()는 다양하게 적용할 수 있는데, 자세한 내용은 ?moonBook으로 확인할 수 있습니다. 아래 표는 활용도 높은 기능을 간략하게 정리한 것입니다.

[표 3-1] mytable() 주요 기능

예시	설명
mytable(Sex~Dx+Smoking, data = dat24, method = 1)	정규분포가 정규성을 따른다고 가정하여 분석함
mytable(dat24)	그룹핑하지 않고 전체적인 통계값을 구할 때
mytable(gCYP2C19~., data = dat24)	그룹핑하고 전체적인 통계값을 구할 때
mytable(~Age+Sex+Dx, data = dat24)	그룹핑하지 않고 일부 변수들의 통계값을 구할 때
mytable(gCYP2C19~.-Smoking-HTN, data = dat24)	일부 변수들을 제외한 모든 변수들의 통계값을 구할 때
mytable(gCYP2C19+Sex~Dx+Smoking, data = dat24)	subgroup 분석할 때(gCYP2C19 하위에 Sex별 분석)

method 옵션은 통계 방법에 대한 옵션으로 1은 표본평균이 정규분포를 따른다고 가정하고 분석하며, 2는 표본평균이 정규분포를 따르지 않는다고 가정하고 분석합니다. 그리고 3은 샤피로 윌크스 검정(Shapiro-Wilks test)을 통해 표본평균이 정규분포를 따르는지 판단하여 결과에 따라 분석을 시행합니다. mytable() 함수는 인자의 개수가 5개 이하면 카테고리형 변수로 인식하도록 설계되어 있으며, max.yle 옵션을 통해 카테고리형 변수로 인식할 최대 인자의 개수를 설정할 수 있습니다. moonBook 패키지는 출력에 대해서도 앞서 설명한 CSV 파일로 익스포트(export)하는 것 말고도 html, latex도 지원합니다.

2) 세 그룹 이상에서 평균의 비교

이번 예제에서는 세 그룹 이상의 평균을 비교하는 분석을 수행하겠습니다. CYP2C19은 항혈소판제(혈소판 기능을 억제하는 약제)인 클로피도그렐의 대사와 연관이 있는 유전자형입니다. CYP2C19의 여러 가지 아형(subtype)을 Control, Gain-of-function (GOF), Loss-of-function(LOF), Mixed 4가지로 분류한 gCYP2C19 변수를 독립변수로 정했습니다. 혈소판 기능에 대한 검사는 VerifyNow라는 검사가 가장 널리 활용되는 검사법입니다. 검사 결과를 P2Y12 Reaction Unit(PRU)값으로 표현하는데, PRU값이 높으면 혈소판의 응집력이 높다는 의미이며 PRU값이 낮으면 혈소판의 응집력이 낮다는 의미입니다. VerifyNow 검사의 PRU값을 종속변수로 정했습니다. 클로피도그렐을 복용하는 환자에서 CYP2C19 유전자의 GOF 변이를 가지고 있다면 PRU값이 낮을 것으로 예상되며, LOF 변이를 가지고 있다면 PRU값이 높을 것으로 예상됩니다.

먼저 mytable()를 이용해서 분석해보았습니다.

```
mytable(gCYP2C19~VERI_PRU, data=dat24, method = 3)
```

```
        Descriptive Statistics by 'gCYP2C19'
____________________________________________________________________
                  Control                  GOF
                  (N=2476)               (N=83)
--------------------------------------------------------------------
VERI_PRU  196.0 [137.0;248.0]   210.0 [140.0;275.0]
--------------------------------------------------------------------

______________________________________________
              LOF                  Mixed            p
           (N=3641)                (N=45)
     -----------------------------------------
     228.0 [179.0;278.0]   221.0 [160.0;270.0]   0.000
     -----------------------------------------
```

method = 3으로 지정하면, 정규성 검정을 해서 분산분석(ANOVA) 혹은 크루스칼 왈리스 검정(Kruskal-Wallis test)을 수행합니다. 분석 결과, 정규분포를 보이지 않아서 중앙값 및 사분위 값으로 표현되었습니다. mytable()에서는 사후분석을 제공하지 않기 때문에 nparcomp 패키지의 mctp()를 사용하여 사후분석을 추가로 수행했습니다.

```
library(nparcomp)
result = mctp(VERI_PRU~factor(gCYP2C19), data = dat24)
summary(result)
```

```
#-----Nonparametric Multiple Comparisons for relative effects------#
 - Alternative Hypothesis: True differences of relative effects are not equal to 0
 - Estimation Method: Global Pseudo Ranks
 - Type of Contrast : Tukey
 - Confidence Level: 95 %
 - Method = Fisher with 45 DF
#------------------------------------------------------------------#
#-----Nonparametric Multiple Comparisons for relative effects----#
 - Alternative Hypothesis: True differences of relative effects are not equal to 0
 - Estimation Method: Global Pseudo ranks
 - Type of Contrast : Tukey
 - Confidence Level: 95 %
 - Method = Fisher with 45 DF
#------------------------------------------------------------------#
#-----Data Info----------------------------------------------------#
   Sample  Size    Effect     Lower     Upper
1 Control  2469 0.4381122 0.4151408 0.4613521
2     GOF    83 0.4901263 0.4435309 0.5368938
3     LOF  3630 0.5503325 0.5263841 0.5740499
4   Mixed    45 0.5214290 0.4699409 0.5724658

#-----Contrast-----------------------------------------------------#
      1  2  3 4
2 - 1 -1 1  0 0
3 - 1 -1 0  1 0
4 - 1 -1 0  0 1
3 - 2  0 -1 1 0
4 - 2  0 -1 0 1
4 - 3  0  0 -1 1

#-----Analysis-----------------------------------------------------#
      Estimator  Lower  Upper  Statistic    p.Value
2 - 1     0.052 -0.041  0.144      1.437  0.4398234
3 - 1     0.112  0.092  0.132     14.476  0.0000000
4 - 1     0.083 -0.021  0.186      2.059  0.1540682
3 - 2     0.060 -0.033  0.152      1.659  0.3160832
4 - 2     0.031 -0.105  0.166      0.589  0.9237567
4 - 3    -0.029 -0.133  0.076     -0.708  0.8765011
```

```
#-----Overall----------------------------------------------------------#
 Quantile p.Value
1 2.570616       0

#----------------------------------------------------------------------#
```

결과는 투키 방법(Tukey method)을 사용하여 사후분석을 한 결과, factor level 3(LOF)과 1(Control) 사이에서 통계적으로 의미 있는 결과(adjusted p-value < 0.01)가 나왔습니다. 이것을 [그림 3-1]과 같이 boxplot으로 시각화하였습니다.

```
# [그림 3-1] 그래프
boxplot(VERI_PRU~gCYP2C19, data=dat24)
```

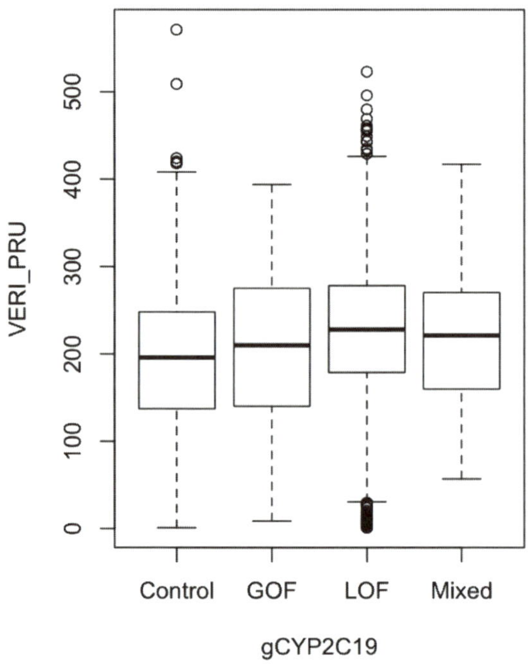

[그림 3-1] boxplot()을 이용한 CYP2C19 유전자형에 따른 VERI_PRU값의 시각화 1

여기에 stripchart()를 사용하면 [그림 3-2]의 그래프와 같이 데이터에 대한 직관적인 느낌을 더 살릴 수 있습니다.

```
# [그림 3-2] 그래프
boxplot(VERI_PRU~gCYP2C19, data=dat24)
stripchart(VERI_PRU~gCYP2C19, data=dat24, method = "jitter",
          col=c("black", "red", "blue", "green"), pch = 19,
          vertical = T, add = T)
```

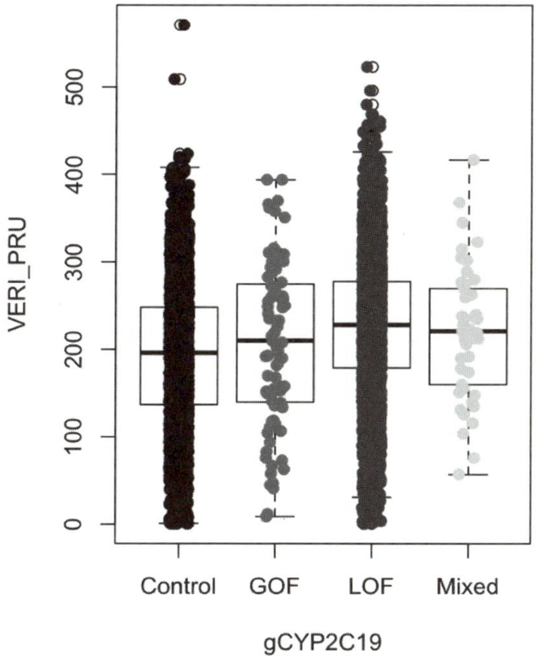

[그림 3-2] boxplot()을 이용한 CYP2C19 유전자형에 따른 VERI_PRU값의 시각화 2

점의 개수가 너무 많아서 45개의 케이스를 랜덤샘플링해서 [그림 3-3]의 그래프와 같이 다시 그렸습니다.

```
# [그림 3-3] 그래프
boxplot(VERI_PRU~gCYP2C19, notch=TRUE, data=dat24)
dat24.1 <- dat24[complete.cases(dat24[,c("gCYP2C19")]),]
m <- sampling::strata(data=dat24.1, stratanames = "gCYP2C19",
                      size = c(45,45,45,45), method = "srswor")
dat24.2 <- sampling::getdata(dat24.1, m)
stripchart(VERI_PRU~gCYP2C19, data=dat24.2, method = "jitter",
           col=c("black", "red", "blue", "green"), pch = 19,
           vertical = T, add = T)
```

strata(data, stratanames, size, method, …) method = 'srwsor' 설정하여 선택한 변수(stratanames)를 각 층의 크기(size)로 층화 추출한다.

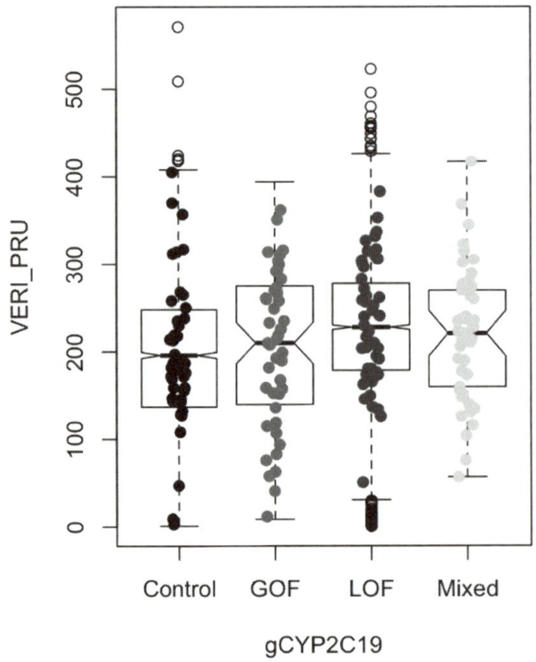

[그림 3-3] boxplot()을 이용한 CYP2C19 유전자형에 따른 VERI_PRU값의 시각화 3

데이터 전처리에서 수치형 변수의 값을 확인할 때 plot() 함수를 사용하는 예를 앞에서 보여드렸습니다. plot() 함수 이외에 densityplot() 함수도 수치형 변수의 값을 확인할 때에 변수값의 다른 측면을 살펴보는 데 유용합니다. densityplot()을 통해 수치형 변수의 값들이 어느 한쪽으로 치우치지(skewed) 않았는지, 또는 한쪽 끝에 값이 몰려 있지는 않은지 등을 확인할 수 있습니다[그림 3-4].

```
densityplot(VERI_PRU~gCYP2C19, data = dat24)
```

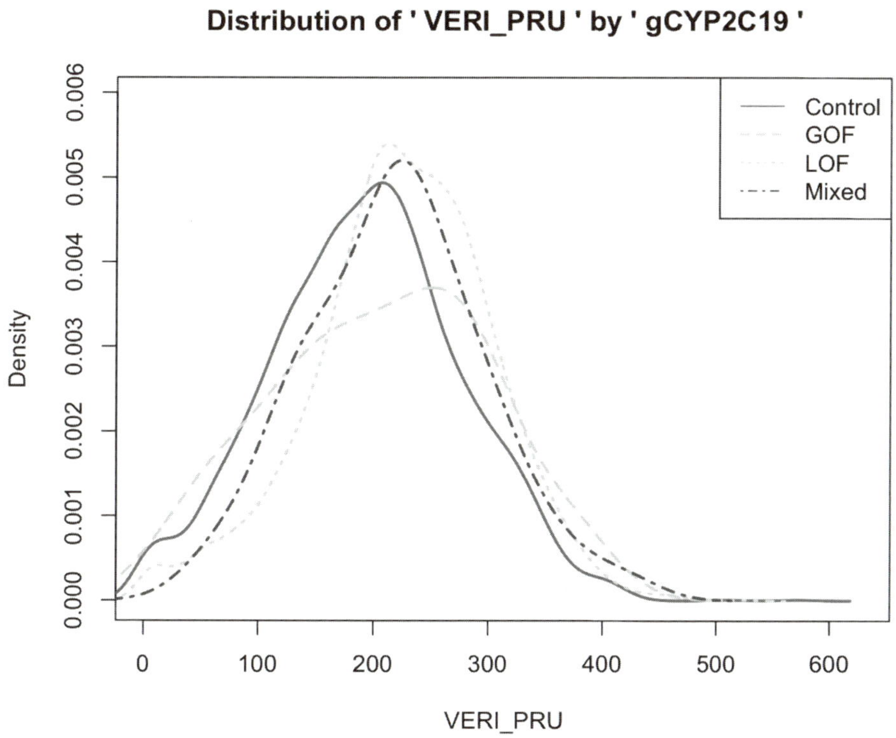

[그림 3-4] densityplot()를 이용한 CYP2C19 유전자형에 따른 VERI_PRU값 시각화

보통 시각화된 그래프를 R에서 익스포트하거나 화면을 캡처해서 Powerpoint에서 필요한 부분을 자르고 연구자가 원하는 대로 그림을 수정하여 사용합니다.

boxplot

boxplot은 데이터를 시각화할 때 가장 많이 사용하는 형식 중 하나입니다. boxplot도 연구자 혹은 해당 분야에 따라 스타일이 다를 수 있습니다. 케이스가 아주 많지 않다면 중앙값(median)의 95% 신뢰구간(confidence interval)을 notch로 표시하는 것을 선호하기도 합니다. 하지만 케이스 수가 많아지면 사실 notch가 작아서 구분이 잘 안 되기도 합니다. 좀 더 자세한 설명을 위해 아래의 VERI_PRU 변수를 100개 랜덤샘플링해서 boxplot 그래프를 만들었습니다.

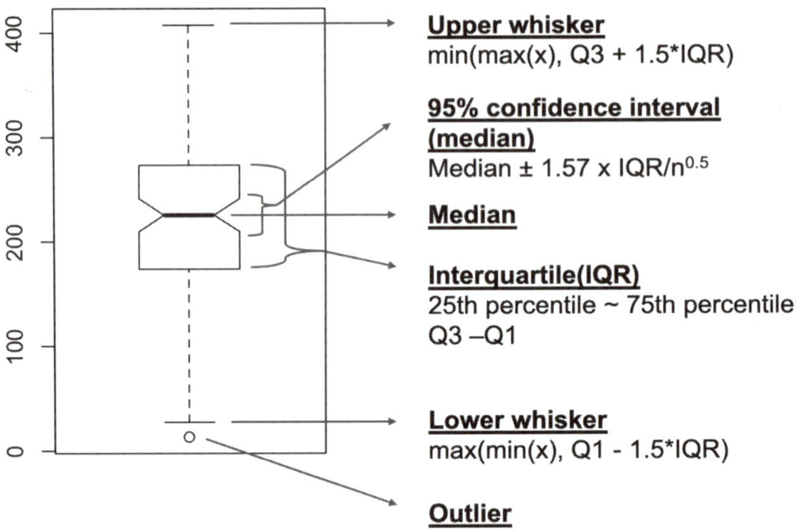


```
## 예제 boxplot의 코드
## 무작위 샘플링이기 때문에 실행할 때마다 다르게 추출될 수 있음
# VERI_PRU값이 없는 행 삭제
dat24s <- dat24[complete.cases(dat24[,c("VERI_PRU")]),]
# 행 100개를 무작위 샘플링하여 m에 할당
m <- sample(1:nrow(dat24s), 100)
# 무작위 샘플링한 행 추출
dat24s100 <- dat24s[m,]

# notch 옵션을 적용하여 boxplot 만들기
boxplot(dat24s100$VERI_PRU, notch = TRUE)
```

```
## 예제 boxplot 설명
# 사분위값 확인
quantile(dat24s100$VERI_PRU)
```

```
      0%       25%       50%       75%      100%
13.48771 174.23771 225.48771 272.98771 407.48771
```

```
# IQR값 계산 (Q3 - Q1)
IQR <- 272.98771 - 174.23771
IQR1.5 <- 1.5*IQR
IQR1.5
```

```
[1] 148.125
```

```
upper.whisker <- 272.98771 + IQR1.5
upper.whisker
```

```
[1] 421.1127
```

```
# 가장 큰 값이 407인데 이는 421보다 작다.
# 이 경우에는 upper whisker가 407이 된다.
```

```
lower.whisker <- 174.23771 - IQR1.5
lower.whisker
```

```
[1] 26.11271
```

```
# 가장 작은 값이 13인데 이는 26보다 작다.
# 이 경우에는 lower whisker가 26이 되며, 26보다 작은 값은 outlier가 된다.
```

2-2 연구 종점 및 기간 변수 만들기

1) 복합 연구 종점 설정

임상연구에서는 연구 목표를 설정할 때 연구의 효율을 높이고 비용을 절감하기 위해 복합 연구 종점(composite endpoint)을 많이 이용합니다. 가령 심혈관 사건에 대한 효용성을 분석하기 위해 심혈관 사건으로 인한 사망(cardiovascular death, CV death)을 단독으로 평가한다면, 그 발생률이 워낙 낮기 때문에 가설을 검증하기 위해서 굉장히 많은 환자 케이스가 필요하고 그에 따른 연구 비용이 높아지는 단점이 있습니다. CV death 단독으로 평가하기보다는 심근경색(myocardial infarction, MI), 뇌졸중(cerebrovascular accident, CVA), 스텐트 혈전증(stent thrombosis, ST), 재관류 시술/수술(repeat revascularization, RR)의 발생과 같은 비슷한 종류의 다른 결과들을 합쳐 주요 심뇌혈관사건(major adverse cardiac and cerebrovascular event, MACCE)이라는 복합 연구 종점으로 정의한 후, 이를 일차 연구 종점으로 활용하여 연구의 결과를 평가하고 각 세부 항목을 이차 연구 종점으로 평가함으로써 연구의 효율성을 높일 수 있습니다.

이러한 복합 연구 종점은 한 가지만 있는 것이 아니고, 연구 주제와 가설에 따라 연구자가 설정하기 나름입니다. 하지만 대개 학계에서 인정되는 몇 가지가 주로 많이 사용되는 게 현실입니다. 위에서 설명한 MACCE는 동맥경화성 심혈관질환뿐만 아니라 뇌혈관질환까지 합친 범위가 넓은 복합 연구 종점으로, 주로 관상동맥 스텐트 삽입술을 시행받은 환자처럼 동맥경화성 심뇌혈관 사건 발생의 위험도가 높은 환자들에 대한 연구에 사용합니다. 때로는 재관류시술/수술을 제외하고 혈전 생성으로 인한 심뇌혈관 사건의 발생에 좀 더 주안점을 두고, 보다 중증도가 높은 심뇌혈관 사건 4가지(CV death, MI, CVA, ST)만 선별적으로 합친 복합 연구 종점(major adeverse thrombotic event, MATE)을 설정하기도 합니다.

본 예제에서는 CV death + MI + CVA + ST + RR 이렇게 5가지 사건의 발생을 합쳐서 MACCE로 정의하고, CYP2C19 유전자형을 비롯한 각종 변수들이 MACCE 발생에 미치는 영향을 분석해보겠습니다.

(1) MACCE 변수 만들기

복합 연구 종점은 세부 항목들 중 하나라도 가장 먼저 발생한 사건을 복합 연구 종점 사건의 발생으로 간주합니다. MACCE 발생 여부에 대한 변수(MACCE)를 아래와 같이 만들었습니다.

```
dat25<-dat24
## 복합연구종료점 MACCE 변수 생성
# Outcome_names: 결과(Outcome)변수들
Outcome_names <- c("CV_DEATH","MI_YN","CVA_YN","ST_YN","TOTAL_RR")
# repNA : NA를 0으로 바꿔주는 함수
repNA=function(x){x[is.na(x)]=0;x}
# 결과(Outcome)변수들의 결측값을 0으로 치환
dat25[, Outcome_names] = lapply(dat25[, Outcome_names], repNA)
# 결과변수들을 수치형 변수로 변환
dat25[, Outcome_names] = lapply(dat25[, Outcome_names], as.numeric)
# 결과변수들 중에서 하나라도 1이면 MACCE 발생(1)으로 간주
dat25$MACCE = ifelse(with(dat25, CV_DEATH + MI_YN + CVA_YN +
                          ST_YN + TOTAL_RR)>0,1,0)
# 결과 확인
head(dat25[,c(Outcome_names, "MACCE")], n=10)
```

```
  CV_DEATH  MI_YN  CVA_YN  ST_YN  TOTAL_RR  MACCE
1        0      0       0      0         1      1
2        0      0       0      0         0      0
3        1      0       0      0         0      1
4        0      0       0      0         0      0
5        0      0       0      0         0      0
6        0      0       0      0         0      0
7        0      0       0      0         0      0
8        0      0       0      0         0      0
9        0      0       0      0         0      0
10       0      0       0      0         0      0
```

2) 사건 발생까지의 기간(일수) 변수 생성

시간에 따른 사건 발생에 대한 분석에는 날짜 자체보다는 기준 날짜로부터 사건 발생 날짜까지의 기간이 필요합니다. 관상동맥 스텐트 삽입술을 시행한 날짜(PCI_DATE)를 기준으로 각 세부 사건 및 MACCE 발생까지의 기간을 일(Day)수로 계산하였습니다. 아무 사건이 발생하지 않은 환자 케이스에 대해서는 마지막으로 환자 상태를 파악한 날짜(FINAL_FU_DATE)를 기준으로 일수를 계산했습니다. 일수를 계산할 때는 ① Date – Date와 같은 방법으로 계산해도 되고, ② difftime() 함수를 사용해도 됩니다.

```
## Date 변수에 대해 day 변수 생성
OutcomeDate_names <- c("DEATH_DATE", "MI_DATE", "CVA_DATE", "ST_DATE", "RR_DATE")
OutcomeDay_names <- c("DEATH_Day", "MI_Day", "CVA_Day", "ST_Day", "RR_Day")

## 방법 1. Date - Date 사용
for(i in 1:length(OutcomeDate_names)){
    dat25[, OutcomeDay_names[i]] <- ifelse(
          !is.na(dat25[, OutcomeDate_names[i]]),
          dat25[, OutcomeDate_names[i]] - dat25$PCI_DATE,
          dat25$FINAL_FU_DATE - dat25$PCI_DATE
    )
}

## 방법 2. difftime() 사용
for(i in 1:length(OutcomeDate_names)){
    dat25[, OutcomeDay_names[i]] <- ifelse(
          !is.na(dat25[, OutcomeDate_names[i]]),
          difftime(dat25[, OutcomeDate_names[i]],
                   dat25$PCI_DATE, units="datys"),
          difftime(dat25$FINAL_FU_DATE,
                   dat25$PCI_DATE, units="days")
    )
}
```

```
difftime(time1, time2, units = )
  기능 : time1 - time2
  - time1, time2 : date나 date-time 형식의 데이터
  - units에는 'auto', 'secs', 'mins', 'hours', 'days', 'weeks'가 있다.
```

```
## MACCE Day 변수 생성
# Outcome Day(DEATH_Day, MI_Day, CVA_Day, ST_Day, RR_Day) 중에서 가장 작은 일수
# 필요한 변수만 추출하여 apply()를 적용하여 연산
dat25.Day <- dat25[,OutcomeDay_names]
dat25$MACCE_Day <- apply(dat25.Day, 1, min, na.rm = T)

# Day 변수 결과 확인
head(dat25[,c(OutcomeDate_names, OutcomeDay_names, "MACCE_Day")], n=10)
```

```
   DEATH_DATE  MI_DATE  CVA_DATE  ST_DATE     RR_DATE  DEATH_Day
1        <NA>     <NA>      <NA>     <NA>  2013-11-12        404
2        <NA>     <NA>      <NA>     <NA>        <NA>        407
3  2013-07-15     <NA>      <NA>     <NA>        <NA>        180
4        <NA>     <NA>      <NA>     <NA>        <NA>        400
5        <NA>     <NA>      <NA>     <NA>        <NA>        383
6        <NA>     <NA>      <NA>     <NA>        <NA>        407
7        <NA>     <NA>      <NA>     <NA>        <NA>        384
8        <NA>     <NA>      <NA>     <NA>        <NA>        309
9        <NA>     <NA>      <NA>     <NA>        <NA>        387
10       <NA>     <NA>      <NA>     <NA>        <NA>        356
   MI_Day  CVA_Day  ST_Day  RR_Day  MACCE_Day
1     404      404     404     302        302
2     407      407     407     407        407
3     180      180     180     180        180
4     400      400     400     400        400
5     383      383     383     383        383
6     407      407     407     407        407
7     384      384     384     384        384
8     309      309     309     309        309
9     387      387     387     387        387
10    356      356     356     356        356
```

참고로, 일수 변수의 타입은 numeric입니다.

```
class(dat25$DEATH_Day); class(dat25$MACCE_Day)
```

```
[1] "numeric"
[1] "numeric"
```

3) 1년까지 결과를 분석하기 위한 변수 생성

만약 연구를 관상동맥 스텐트 삽입술을 시행한 후 1년까지만 분석해야 한다면, 사건 발생 일수를 최대 365로 설정한 변수를 새로 만들어서 분석합니다. 더불어 365일이 넘어서 발생한 일은 사건으로 간주하면 안 됩니다. 따라서 1년 내 사건 발생에 대하여 발생 일수뿐만 아니라 사건 발생 유무에 대한 변수들도 다시 만들어야 합니다.

```
# 결과(Outcome)변수 및 관련 날짜, 기간에 대한 벡터 만들기
Outcome_names.new <- c("CV_DEATH", "MI_YN", "CVA_YN",
                       "ST_YN", "TOTAL_RR", "MACCE")
OutcomeDay_names.new <- c("DEATH_Day", "MI_Day", "CVA_Day",
                          "ST_Day", "RR_Day", "MACCE_Day")
Outcome1y_names <- c("CV_DEATH.1y", "MI.1y", "CVA.1y",
                     "ST.1y", "RR.1y", "MACCE.1y")
OutcomeDay1y_names <- c("DEATH.1y_Day", "MI.1y_Day", "CVA.1y_Day",
                        "ST.1y_Day", "RR.1y_Day", "MACCE.1y.Day")

for(i in 1:length(OutcomeDay1y_names)){

# 일수가 365일 이하면 그대로, 이상이면 365로 할당
dat25[, OutcomeDay1y_names[i]] <- ifelse(
  dat25[, OutcomeDay_names.new[i]]<= 365,
  dat25[, OutcomeDay_names.new[i]],
  365)

# 일수가 365일 이하이면서 Outcome이 1이면 사건 발생을 1로 할당
 나머지 경우는 0.
dat25[, Outcome1y_names[i]] <- ifelse(
  dat25[, OutcomeDay_names.new[i]]<= 365 &
  dat25[, Outcome_names.new[i]]==1,
  1, 0)
}

# Day 변수 결과 확인
temp <- dat25[,c(Outcome1y_names, OutcomeDay1y_names,
                 Outcome_names.new, OutcomeDay_names.new)]
head(temp[temp$MACCE ==1 & temp$MACCE.1y ==0,
          c(OutcomeDay1y_names, OutcomeDay_names.new)], n=10)
```

```
    DEATH.1y_Day MI.1y_Day CVA.1y_Day ST.1y_Day RR.1y_Day
172          365       365        365       365       365
186          365       365        365       365       365
248          365       365        365       365       365
316          365       365        365       365       365
356          365       365        365       365       365
516          365       365        365       365       365
518          365       365        365       365       365
535          365       365        365       365       365
571          365       365        365       365       365
739          365       365        365       365       365
    MACCE.1y.Day DEATH_Day MI_Day CVA_Day ST_Day RR_Day
172          365       827    827     827    827    827
186          365       388    388     388    388    376
248          365       858    858     858    858    858
316          365       404    404     404    404    404
356          365       499    499     499    499    499
516          365       367    367     367    367    366
518          365       366    366     366    366    366
535          365       426    426     426    426    413
571          365       431    431     431    431    431
739          365      2291   1603    2291   2291   1603
    MACCE_Day
172       827
186       376
248       858
316       404
356       499
516       366
518       366
535       413
571       431
739      1603
```

MACCE는 1이었는데 MACCE.1y가 0으로 변한 경우를 추출해보면, 모두 365로 변환된 것을 확인할 수 있습니다.

2-3 연구 결과 분석하기

1) mytable()를 활용한 연구 결과 분석

mytable()를 사용하여 결과(outcome)변수들을 분석했습니다.

```
dat26 <- dat25
mytable(gCYP2C19 ~ CV_DEATH + MI_YN + CVA_YN + ST_YN +
          TOTAL_RR + MACCE, data=dat26)
```

```
      Descriptive Statistics by 'gCYP2C19'
_________________________________________________________________
               Control       GOF          LOF         Mixed      p
               (N=2476)     (N=83)      (N=3641)     (N=45)
-----------------------------------------------------------------
CV_DEATH                                                       0.009
  - 0        2461 (99.4%)  80 (96.4%) 3598 (98.8%)  45 (100.0%)
  - 1          15 ( 0.6%)   3 ( 3.6%)   43 ( 1.2%)   0 ( 0.0%)
MI_YN                                                          0.709
  - 0        2446 (98.8%)  82 (98.8%) 3606 (99.0%)  45 (100.0%)
  - 1          30 ( 1.2%)   1 ( 1.2%)   35 ( 1.0%)   0 ( 0.0%)
CVA_YN                                                         0.091
  - 0        2452 (99.0%)  81 (97.6%) 3620 (99.4%)  45 (100.0%)
  - 1          24 ( 1.0%)   2 ( 2.4%)   21 ( 0.6%)   0 ( 0.0%)
ST_YN                                                          0.002
  - 0       2475 (100.0%) 83 (100.0%) 3623 (99.5%)  44 (97.8%)
  - 1           1 ( 0.0%)   0 ( 0.0%)   18 ( 0.5%)   1 ( 2.2%)
TOTAL_RR                                                       0.620
  - 0        2305 (93.1%)  80 (96.4%) 3396 (93.3%)  43 (95.6%)
  - 1         171 ( 6.9%)   3 ( 3.6%)  245 ( 6.7%)   2 ( 4.4%)
MACCE                                                          0.939
  - 0        2256 (91.1%)  75 (90.4%) 3325 (91.3%)  42 (93.3%)
  - 1         220 ( 8.9%)   8 ( 9.6%)  316 ( 8.7%)   3 ( 6.7%)
-----------------------------------------------------------------
```

결과를 보니 심혈관 사망(cardiovascular death, CV_Death), 스텐트 혈전증(stent thrombosis, ST_YN)의 발생이 p-value < 0.05로 4그룹 간에 의미 있게 차이가 나는 집

단이 존재하는 것을 확인할 수 있습니다.

GOF 그룹과 Mixed 그룹은 앞서 혈소판 기능검사에서 Control 그룹과 차이가 없었을 뿐만 아니라 케이스 숫자도 상대적으로 매우 적어 이후의 분석에서 제외했습니다.

```
# Control, LOF 그룹 선별
dat27 <- dat26[dat26$gCYP2C19=="Control" | dat26$gCYP2C19=="LOF", ]
# 추적조사결과(MACCE.1y)가 있는 그룹 선별
dat27 <- dat27[!is.na(dat27$MACCE.1y), ]
```

다시 결과를 분석했습니다.

```
mytable(gCYP2C19 ~ CV_DEATH + MI_YN + CVA_YN + ST_YN +
         TOTAL_RR + MACCE, data=dat27)
```

```
 Descriptive Statistics by 'gCYP2C19'
_______________________________________________
               Control         LOF        p
               (N=2476)      (N=3641)
-------------------------------------------
CV_DEATH                                0.032
  - 0       2461 (99.4%)  3598 (98.8%)
  - 1         15 ( 0.6%)    43 ( 1.2%)
MI_YN                                   0.418
  - 0       2446 (98.8%)  3606 (99.0%)
  - 1         30 ( 1.2%)    35 ( 1.0%)
CVA_YN                                  0.107
  - 0       2452 (99.0%)  3620 (99.4%)
  - 1         24 ( 1.0%)    21 ( 0.6%)
ST_YN                                   0.004
  - 0       2475 (100.0%) 3623 (99.5%)
  - 1          1 ( 0.0%)    18 ( 0.5%)
TOTAL_RR                                0.827
  - 0       2305 (93.1%)  3396 (93.3%)
  - 1        171 ( 6.9%)   245 ( 6.7%)
MACCE                                   0.815
  - 0       2256 (91.1%)  3325 (91.3%)
  - 1        220 ( 8.9%)   316 ( 8.7%)
-------------------------------------------
```

CV death, ST가 통계적으로 의미 있게 차이가 있습니다. 여기에서 주의할 점은 이 분석에서는 관찰시간에 대한 고려가 포함되지 않았다는 점입니다. MACCE의 발생일을 분석해보면 두 그룹이 통계학적으로 차이가 나는 것을 알 수 있습니다.

```
mytable(gCYP2C19 ~ MACCE_Day, method=2, data=dat27)
```

```
    Descriptive Statistics by 'gCYP2C19'
_______________________________________________________________
                      Control                   LOF            p
                      (N=2476)               (N=3641)
---------------------------------------------------------------
MACCE_Day  365.0 [322.0;389.0]  364.0 [318.0;381.0]  0.000
---------------------------------------------------------------
```

그래서 1년을 기준으로 다시 분석해보았습니다.

```
mytable(gCYP2C19 ~ CV_DEATH.1y + MI.1y + CVA.1y + ST.1y +
        RR.1y + MACCE.1y, data=dat27)
```

```
 Descriptive Statistics by 'gCYP2C19'
_______________________________________________
                 Control          LOF          p
                 (N=2476)      (N=3641)
-----------------------------------------------
CV_DEATH.1y                                  0.052
  - 0          2465 (99.6%)  3608 (99.1%)
  - 1            11 ( 0.4%)    33 ( 0.9%)
MI.1y                                        0.832
  - 0          2457 (99.2%)  3616 (99.3%)
  - 1            19 ( 0.8%)    25 ( 0.7%)
CVA.1y                                       0.908
  - 0          2461 (99.4%)  3621 (99.5%)
  - 1            15 ( 0.6%)    20 ( 0.5%)
ST.1y                                        0.048
  - 0          2475 (100.0%) 3630 (99.7%)
  - 1             1 ( 0.0%)    11 ( 0.3%)
```

```
RR.1y                                     0.649
  - 0         2370 (95.7%)  3475 (95.4%)
  - 1          106 ( 4.3%)   166 ( 4.6%)
MACCE.1y                                  0.398
  - 0         2340 (94.5%)  3421 (94.0%)
  - 1          136 ( 5.5%)   220 ( 6.0%)
--------------------------------------------
```

ST는 통계적으로 차이가 있지만, CV_DEATH는 p-value 0.052로 애매하게 나왔습니다.

2) 생존 분석

시간에 따른 사건의 발생을 비교할 때는 생존 분석(survivial analysis)을 사용합니다. R에서 독립된 두 군의 생존경험을 비교하기 위해서 survival 패키지의 Surv(), survdiff()를 이용하여 로그순위법(log-rank test) 분석을 수행합니다. 아래 예제는 CV death에 대한 로그순위법 분석 결과입니다. p-value가 0.04로 의미 있게 나왔습니다. 따라서 두 그룹의 생존경험이 유의하게 다르다는 결론을 내릴 수 있습니다.

```
# survival 패키지 설치 후 실행
require(survival)
fit = survdiff(Surv(DEATH.1y_Day,CV_DEATH.1y==1) ~ gCYP2C19, dat27)
fit
```

```
Call:
survdiff(formula = Surv(DEATH.1y_Day, CV_DEATH.1y == 1) ~ gCYP2C19,
  data = dat27)

                    N Observed Expected (O-E)^2/E (O-E)^2/V
gCYP2C19=Control 2476       11     17.8      2.62       4.4
gCYP2C19=LOF     3641       33     26.2      1.78       4.4

 Chisq= 4.4  on 1 degrees of freedom, p= 0.04
```

카플란-마이어 곡선(Kaplan-Meier curve)을 그리는 방법은 여러 가지가 있지만, 본 예제에서는 survminer 패키지의 ggsurvplot() 함수를 적용해보았습니다[그림 3-5].

```
# survminer 패키지 설치 후 실행
# (ggplot2, ggpubr 패키지도 저절로 설치됨)
require(survminer)
ggsurv = ggsurvplot(
  fit,
  data = dat27,
  risk.table = TRUE,  # risk table 표시 여부
  conf.int = T,   # confidence interval 표시 여부
  xlim = c(0,360),  # X축 범위
  ylim = c(0,0.02),  # Y축 범위
  xlab = "Time(Day)", # X축 이름
  break.time.by = 30,  # X축 간격
  risk.table.y.text = F, # risk table의 Y축 라벨표시 여부
  font.tickslab = c(14, "plain", "black"), # 축 값의 font 설정
  tables.theme = theme_cleantable(),  #테이블 테마 설정
  fun = "event"  # "event" - cumulative event로 설정
)
ggsurv
```

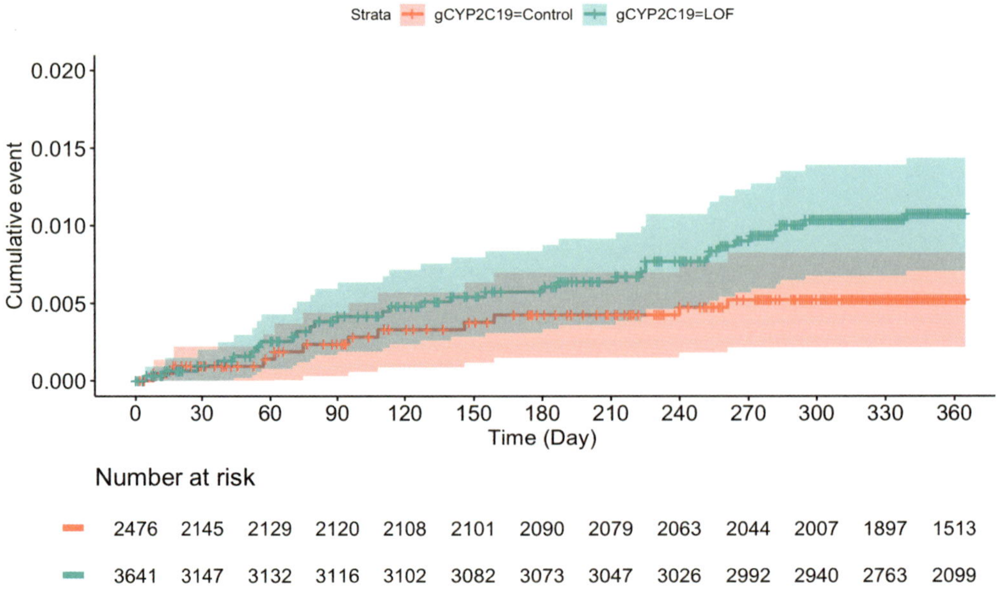

[그림 3-5] ggsurvplot()를 이용한 CYP2C19 유전자형에 따른 CV death 발생 시각화

로그순위법은 하나의 요인에 관한 분석에 중점을 둔 방법입니다. 여러 예후변수가 있을 때 생존에 미치는 영향을 분석하는 방법으로 콕스의 비례위험회귀모델(Cox proportional hazard regression model)을 주로 사용합니다. survival 패키지의 coxph() 함수를 통해 분석할 수 있습니다. 생존은 0과 1의 이분형(binary)으로 이루어져 있어야 하며, 사건의 발생을 1로 처리해야 합니다. 또한 분석할 데이터에 결측값이 존재하는 케이스는 분석에서 제외되므로 데이터 전처리를 잘해야 합니다.

```
require(survival)
result <- coxph(Surv(DEATH.1y_Day, CV_DEATH.1y==1) ~ factor(gCYP2C19),
                data = dat27)
summary(result)
```

```
Call:
coxph(formula = Surv(DEATH.1y_Day, CV_DEATH.1y == 1) ~ factor(gCYP2C19),
  data = dat27)

 n= 6117, number of events= 44

                      coef exp(coef) se(coef)     z Pr(>|z|)
factor(gCYP2C19)LOF 0.7151    2.0444   0.3482 2.054     0.04 *
---
Signif. codes:  0 '***' 0.001 '**' 0.01 '*' 0.05 '.' 0.1 ' ' 1

                    exp(coef) exp(-coef) lower .95 upper .95
factor(gCYP2C19)LOF     2.044     0.4891     1.033     4.045

Concordance= 0.577  (se = 0.033 )
Likelihood ratio test= 4.68  on 1 df,   p=0.03
Wald test            = 4.22  on 1 df,   p=0.04
Score(logrank) test  = 4.4  on 1 df,   p=0.04
```

결과를 보면, CV death에 대해 LOF 그룹은 Hazard ration(HR) 2.0(95% confidence interval 1.03 ~ 4.05), p-value 0.04로 Control 그룹에 비해 통계적으로 의미 있게 위험을 높이는 것으로 나타났습니다. 이러한 방법으로 CYP2C19 유전자형뿐만 아니라 나이, 성별과 같은 다른 요인이 CV death 발생에 미치는 영향도 분석할 수 있습니다.

콕스 모델의 장점은 다변량분석법으로서 하나의 요인에 대한 분석뿐만 아니라 여러 요인들이 미치는 영향을 동시에 분석할 수 있다는 점입니다. 이번에는 나이를 75세를 기준으로 나누어 factor형으로 처리하고 그 밖에 성별(Sex), 고혈압 유무(HTN), 당뇨병 유무(DM)가 CV death에 미치는 영향을 분석해보겠습니다.

```
# 75세를 기준으로 이상이면 1, 이하면 0으로 나눈 새로운 변수 Age75 생성
dat27$Age75 <- ifelse(dat27$Age >= 75, 1, 0)

# 분석하고자 하는 요인들을 포함한 Cox 모델 생성
result <- coxph(Surv(DEATH.1y_Day, CV_DEATH.1y==1) ~
                factor(gCYP2C19) + factor(Age75) + Sex + HTN + DM,
                data = dat27)

# Step() 함수로 AIC를 기준으로 backward elimination 방식으로 모형 선별
CoxStep <- step(result, direction="backward")

# 결과 확인
summary(CoxStep)
```

```
Start: AIC=752.64
Surv(DEATH.1y_Day, CV_DEATH.1y == 1) ~ factor(gCYP2C19) + factor(Age75) + Sex
+ HTN + DM

                   Df    AIC
- HTN               1  750.73
- DM                1  751.23
- factor(Age75)     1  751.48
<none>                 752.64
- Sex               1  754.15
- factor(gCYP2C19)  1  755.22

Step: AIC=750.73
Surv(DEATH.1y_Day, CV_DEATH.1y == 1) ~ factor(gCYP2C19) + factor(Age75) + Sex
+ DM

                   Df    AIC
- DM                1  749.32
- factor(Age75)     1  749.59
<none>                 750.73
- Sex               1  752.25
- factor(gCYP2C19)  1  753.32
```

```
Step: AIC=749.32
Surv(DEATH.1y_Day, CV_DEATH.1y == 1) ~ factor(gCYP2C19) + factor(Age75) + Sex

                    Df    AIC
- factor(Age75)      1  748.16
<none>                  749.32
- Sex                1  750.93
- factor(gCYP2C19)   1  751.98

Step: AIC=748.16
Surv(DEATH.1y_Day, CV_DEATH.1y == 1) ~ factor(gCYP2C19) + Sex

                    Df    AIC
<none>                  748.16
- Sex                1  749.68
- factor(gCYP2C19)   1  750.76
Call:
coxph(formula = Surv(DEATH.1y_Day, CV_DEATH.1y == 1) ~ factor(gCYP2C19) +
Sex, data = dat27)

 n= 6117, number of events= 44

                       coef  exp(coef)  se(coef)      z  Pr(>|z|)
factor(gCYP2C19)LOF  0.7095     2.0329    0.3482  2.038    0.0416  *
SexM                -0.5830     0.5582    0.3044 -1.916    0.0554  .
---
Signif. codes: 0 '***' 0.001 '**' 0.01 '*' 0.05 '.' 0.1 ' ' 1

                    exp(coef)  exp(-coef)  lower .95  upper .95
factor(gCYP2C19)LOF    2.0329      0.4919     1.0274      4.022
SexM                   0.5582      1.7914     0.3074      1.014

Concordance= 0.612  (se = 0.039 )
Likelihood ratio test= 8.21  on 2 df,   p=0.02
Wald test            = 7.89  on 2 df,   p=0.02
Score(logrank) test  = 8.19  on 2 df,   p=0.02
```

후진제거법(backward elimination) 결과, gCYP2C19, Age75, Sex, HTN, DM 중 gCYP2C19 유전자형과 성별을 넣은 모델이 가장 적합한 모델로 선택되었습니다. Control 그룹에 비해 LOF 그룹이 심혈관 사망(CV death)에 대한 위험을 2.03배 증가시키며(95% confidence interval: 1.03-4.02), 여자에 비해 남자의 위험은 0.56배로 나타났습니다(95% confidence interval: 0.31-1.01). 콕스 모델은 요인이 사건 발생에 미치는 영향이 추적관찰기간 동안 일정하다는 가정하에 이루어지는 분석 방법으로서, 그 영향이 시간 따라 변한다면(가령 그래프가 서로 교차하는 상황 등) 시간의존 콕스회귀분석(time-dependent Cox regression analysis) 등 다른 통계분석 방법을 고려해야 합니다.

무엇보다 중요한 점은 콕스를 포함한 여러 가지 다변량 회귀분석을 수행할 때, 설명변수에 결측값이 있으면 그 케이스는 제외하고 분석해야 한다는 점입니다. 설명변수를 설정할 때 결측값이 많은 변수를 선택하면 모델링을 제대로 하기 어려우므로 반드시 결측값이 얼마나 되는지 확인하고 선택해야 합니다. 그리고 결측값을 단순히 제거하는 것은 데이터의 편향을 발생시킬 수 있기 때문에 결측값을 어떻게 처리하는 게 좋을지 신중하게 고민해야 합니다. 많이 알려진 방법으로 완전정보최대우도(full information maximum likelihood, FIML), 다중대체(multiple imputation, MI), 기댓값 최대화 알고리즘(expectation-maximization algorithm, EM algorithm) 등이 있습니다.

3) ROC 분석

관상동맥 스텐트를 삽입한 경우에 스텐트 혈전증 및 급성심근경색, 뇌졸중을 예방하기 위해서 항혈소판제(혈소판 기능을 떨어뜨리는 약)를 복용하게 됩니다. 앞서 설명한 VerifyNow 검사의 PRU값은 혈소판 기능 검사의 일종으로 PRU값이 크면 혈소판이 잘 응집하는 것을 의미합니다. 항혈소판제를 복용하더라도 PRU값이 큰 환자는 혈관 내 혈전이 생길 가능성이 높아지고 스텐트 혈전증, 급성심근경색, 뇌졸중 나아가 사망의 위험성도 높아지게 됩니다. 실제 병원에서는 관상동맥 스텐트를 삽입한 환자에게 클로피도그렐(clopidogrel)이라는 항혈소판제를 투약하는 상태에서 VerifyNow 검사를 실시하여 일정 값 이상으로 PRU가 높은 환자들을 '고혈소판활성도(high on-clopidogrel platelet reactiviy, HPR)'를 가지고 있다고 판단하여 치료에 활용하기도 합니다.

예제 데이터를 보면 심혈관 사망이 발생한 환자에서 PRU값이 높은 것을 확인할 수 있습니다.

```
dat28 <- dat27
mytable(CV_DEATH ~ VERI_PRU, data=dat28)
```

```
 Descriptive Statistics by 'CV_DEATH'
____________________________________________
                  0              1          p
             (N=6059)         (N=58)
--------------------------------------------
VERI_PRU  212.6 ± 81.5  244.7 ± 76.4  0.003
--------------------------------------------
```

이번에는 예제 데이터의 PRU값을 4분위로 나누어 그룹핑한 후 심혈관 사망의 발생을 비교해보고, ROC curve를 통해 HPR의 기준값(cut-off value)도 제안해보겠습니다. PRU의 4분위값을 확인하는 함수는 quantile()입니다.

```
quantile(dat28$VERI_PRU, na.rm=T)
```

```
 0% 25% 50% 75% 100%
  1 162 215 269  571
```

PRU의 4분위값을 기준으로 그룹핑하는 것은 moonBook 패키지의 rank2group() 함수를 사용하면 편리합니다. k = 옵션을 통해 4분위, 5분위 등 원하는 대로 나눌 수 있습니다(디폴트는 4).

```
dat28$gPRU <- rank2group(dat28$VERI_PRU, 4)
mytable(gPRU ~ CV_DEATH, data = dat28)
```

```
        Descriptive Statistics by 'gPRU'
_________________________________________________________________
                 1              2             3            4        p
             (N=1534)       (N=1531)      (N=1524)     (N=1510)
-----------------------------------------------------------------
CV_DEATH                                                          0.009
 - 0        1525 (99.4%)  1521 (99.3%)  1510 (99.1%)  1485 (98.3%)
 - 1          9 ( 0.6%)    10 ( 0.7%)    14 ( 0.9%)    25 ( 1.7%)
-----------------------------------------------------------------
```

PRU의 4분위값을 기준으로 그룹핑한 변수 gPRU는 순위가 있는 변수이고, 이런 경우에 trend를 검증하기 위해서는 코크란-아미티지 추세 검정(Cochran-Armitage trend test)을 시행해야 합니다. R에서는 prop.trend.test() 함수를 사용하는데 입력값으로 발생건수, 그룹당 케이스 수, 그룹 순위 데이터를 입력해야 하기 때문에 table() 함수를 합쳐서 사용합니다.

```
prop.trend.test(x, n, score = seq_along(x))
  x : Number of event(발생건수)
  n : Number of trials(그룹당 케이스 수)
  score : Group score(그룹 순위)
```

```
table(dat28$CV_DEATH, dat28$gPRU)
```

```
     1    2    3    4
0 1525 1521 1510 1485
1    9   10   14   25
```

table() 결과값의 2번째 row의 값이 발생건수가 되고, 각 열의 합이 그룹당 케이스 수가 됩니다. 그룹 순위는 1, 2, 3, 4가 됩니다. 이를 prop.trend.test에 적용하면 다음과 같습니다.

```
# prop.trend.test에 적용하기 위한 테이블(res) 생성
res = table(dat28$CV_DEATH, dat28$gPRU)
result = prop.trend.test(res[2,], colSums(res), score = c(1,2,3,4))
result
```

```
  Chi-squared Test for Trend in Proportions

data: res[2, ] out of colSums(res) ,
 using scores: 1 2 3 4
X-squared = 9.702, df = 1, p-value = 0.001841
```

결과는 PRU값이 증가할수록 심혈관 사망이 증가하는 것으로 나타났습니다.

이번에는 ROC curve를 구해보겠습니다. ROC curve는 pROC 패키지의 roc()를 사용하여 그릴 수 있습니다.

```
# pROC 패키지 설치 후 실행
require(pROC)
res1 = roc(dat28$CV_DEATH, dat28$VERI_PRU, ci=TRUE,
          plot=TRUE, legacy.axes=TRUE)
res1
```

```
roc.default(response = dat28$CV_DEATH, predictor = dat28$VERI_PRU,
            ci = TRUE, plot = TRUE, legacy.axes = TRUE)

Data: dat28$VERI_PRU in 6250 controls(dat28$CV_DEATH 0) < 61 cases(dat28$CV_
DEATH 1).
Area under the curve: 0.6102
95% CI: 0.5349-0.6855 (DeLong)
```

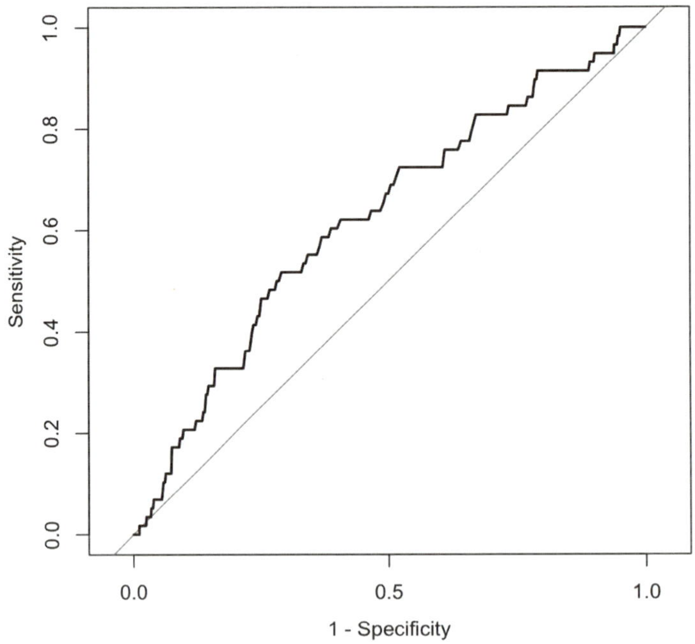

[그림 3-6] CV_Death에 대한 VERI_PRU값의 ROC curve

[그림 3-6]과 같이 ROC curve가 플롯(plots)창에 나타납니다. 결과를 살펴보면 Area under the curve(AUC) 0.6102, 95% confidence interval(CI) 0.5349-0.6855로 통계적으로는 유의하지만 그다지 높지 않습니다. PRU값만 가지고 심혈관 사망을 예측하기는 어려울 것이라고 생각할 수 있습니다.

심혈관 사망에 대한 PRU값의 cut-off값은 pROC 패키지에서 제공하는 coords() 함수를 사용할 수 있습니다. cut-off값을 구하는 방식은 여러 가지가 있는데 "best" 옵션의 디폴트 방법이 가장 널리 알려져 있는 Youden's index법입니다. 자세한 것은 help(coords)를 참조하세요.

```
coords(res1, "best", transpose = F)
```

```
  threshold specificity sensitivity
1     257.5   0.7083264   0.5172414
```

결과는 cut-off값 257, specificity 0.71, sensitivity 0.52로 나왔습니다.

이 책은 데이터 분석보다는 '데이터 정제'에 초점을 두고 있습니다. 특히 R이라는 소프트웨어를 이용하여 데이터를 기술적으로 처리하는 방법을 주로 소개하였습니다. 생각해보면, 데이터 정제는 데이터세트 안에 있는 각 변수의 의미와 데이터 수집 과정을 충분히 이해하고 있을 때 가능한 작업인 것 같습니다. 하지만 처음부터 이러한 것을 완벽히 파악하기란 불가능하기 때문에 실제로는 작업을 하면서 드러나는 이슈들을 하나씩 하나씩 해결해나가야 하는 것 같습니다.

세상에 무수히 많은 데이터가 있고 같은 데이터라도 여러 가지 방법으로 수집할 수 있기에, 데이터 정제 방식도 그만큼 다양할 수밖에 없을 것입니다. 그런데 시중에 데이터 분석과 활용에 대한 정보는 넘쳐나지만, 데이터 정제에 대한 정보가 상대적으로 적은 이유는 아마도 데이터 정제 작업에 왕도가 없기 때문인 것 같습니다. 그럼에도 불구하고 데이터를 활용하여 분석하기 위해서는 반드시 데이터 정제 작업이 선행되어야 합니다. 데이터를 어떻게 정제하느냐에 따라 분석 결과가 크게 달라질 수 있습니다.

이 책은 무수한 데이터 중에서 CYP2C19 유전자형에 관한 가상의 데이터를 예제로 활용하였습니다. 예제 데이터세트는 대한심혈관중재학회 산하 혈전연구회의 PTRG registry 초창기 데이터세트를 틀로 삼아서 만들었습니다. 이 책의 내용도 PTRG registry 구축 작업에 참여하게 되면서 느꼈던 점을 토대로 만들었습니다. 정영훈 교수님과 조정래 교수님을 비롯한 혈전연구회의 여러 교수님들께 진심으로 감사드립니다.

이제 독자들과 만날 생각을 하니 여러 걱정이 앞섭니다. 첫 장에 R에 대한 기초 내용을 정리하긴 했지만, R 자체에 대한 설명이 부족하지 않았나 싶습니다. 또 임상데이터 정제 과정을 실제와 비슷하게 재현하기 위해 R의 활용법을 되도록 많이 담으려고 여러 가지 적용례를 만들다 보니 좀 억지스러운 부분이 생기고, 데이터 정제 과정을 일관된 흐름으로 보여드리지 못한 것 같아 아쉽습니다. (이에 관해서는 실제 데이터 정제 작업은 대개 중요한 변수부터 작업하게 되고 정제를 하다 보면 양파 껍질을 까듯 보완해야 할 부분이 끊임없이 새로 보이기 때문이라고, 스스로 변명 아닌 변명을 건네며 독자들에게도 너른 양해를 구합니다.) 또한 제가 데이터를 다루는 전문가가 아니기에 이러한 책을 세상에 내놓는 것이 그분들께 어떻게 비칠지 걱정스럽기도 합니다.

한편으로는 이 책에서 다루는 내용이 임상의학에 익숙하지 않은 분들에게는 너무 어려운 건 아닌지 우려의 마음도 있습니다. 그러나 당장 임상의학 관련 raw data를 다뤄야 하는 독자들에게 조금이라도 실질적인 도움이 될 거라 기대하고, 꼭 그렇게 되기를 희망합니다. 이 책을 읽은 독자들은 제가 데이터 정제 작업에서 했던 무수히 많은 실수와 반복 작업을 조금이라도 줄일 수 있기를 바랍니다. 그래서 보다 많은 시간과 열정을 의미 있는 데이터 분석과 좋은 연구에 투자할 수 있기를 바랍니다.

마지막으로, 부족하기만 한 남편과 아빠를 항상 응원하고 지지해주는 사랑하는 아내 정은과 아들 시현에게 고마운 마음을 전합니다.

2020년 겨울

주형준

부록

코드북
찾아보기

코드북

변수이름	변수 설명	데이터 예시
Hosp	병원 정보	(예시) Hospital_A
Index	각 병원별 배정번호	(예시) A-0001
Dx	진단명	1: Stable angina 2: Unstable angina 3: NSTEMI 4: STEMI 5: Other
Age	나이	단위: year
Sex	성별	M: 남자 F: 여자
Smoking	흡연	0: Never smoker 1: Current smoker 2: Ex-smoker
Height	키	단위: cm
Weight	몸무게	단위: kg
BMI	body mass index	
HTN	고혈압	0: no 1: yes
DM	당뇨	0: no 1: yes
Dyslipid	고지혈증	0: no 1: yes
FH_CAD	관상동맥질환 가족력	0: no 1: yes
PRE_MI	심근경색 과거력	0: no 1: yes
PRE_PCI	PCI 과거력	0: no 1: yes
PRE_CABG	CABG 과거력	0: no 1: yes
PRE_CVA	뇌졸중 과거력	0: no 1: yes
CHF	심부전	0: no 1: yes
CRF	만성심부전(투석)	0: no 1: yes
PAOD	말초혈관질환	0: no 1: yes
CYP2C19	CYP2C19 유전자변이	*1/*1,*1/*17,*17/*17, *1/*2,*1/*3,*2/*17,*3/*17 *2/*2,*3/*3,*2/*3
VERI_P_ STATUS	Verifynow검사전 P2Y12 억제제 투약기간	단위: day

변수이름	변수 설명	데이터 예시
VERI_PRU	PRU값(Verifynow)	
VERI_ARU	ARU값(Verifynow)	
LVEF	심초음파 좌심실구혈율	단위: %
WBC	WBC count	단위: 10^3/uL
HB	Hemoglobin	단위: g/dL
PLATELET	Platelet count	단위: 10^3/uL
BUN	BUN	단위: mg/dL
CR	Creatinine	단위: mg/dL
CRP	C-reactive protein	단위: mg/dL
AST	AST	단위: IU/L
ALT	ALT	단위: IU/L
TC	Total cholesterol	단위: mg/dL
TG	Triglyceride	단위: mg/dL
HDL	HDL-cholesterol	단위: mg/dL
LDL	LDL-cholesterol	단위: mg/dL
FBG	Fasting glucose	단위: mg/dL
ASP	(퇴원약 혹은 퇴원후 첫외래처방) Aspirin	0: no 1: yes
CLOP	(퇴원약 혹은 퇴원후 첫외래처방) Clopidogrel	0: no 1: yes
TICA	(퇴원약 혹은 퇴원후 첫외래처방) Ticagrelor	0: no 1: yes
PRAS	(퇴원약 혹은 퇴원후 첫외래처방) Prasugrel	0: no 1: yes
CILO	(퇴원약 혹은 퇴원후 첫외래처방) Cilostazol	0: no 1: yes
PPI	(퇴원약 혹은 퇴원후 첫외래처방) Proton pump inhibitor	0: no 1: yes
CCB	(퇴원약 혹은 퇴원후 첫외래처방) Calcium channel blocker	0: no 1: yes
ARB	(퇴원약 혹은 퇴원후 첫외래처방) Angiotensin receptor blocker	0: no 1: yes
ACEI	(퇴원약 혹은 퇴원후 첫외래처방) Angiotensin converting enzyme inhibitor	0: no 1: yes
BB	(퇴원약 혹은 퇴원후 첫외래처방) blocker	0: no 1: yes
DM_insulin	(퇴원약 혹은 퇴원후 첫외래처방) 당뇨치료제로 인슐린 사용 유무	0: no 1: yes
LAD_YN	LAD 병변 유무	0: no 1: yes
LCX_YN	LCX 병변 유무	0: no 1: yes

변수이름	변수 설명	데이터 예시
RCA_YN	RCA 병변 유무	0: no 1: yes
LM_YN	LM 병변 유무	0: no 1: yes
RAMUS_YN	Ramus 병변 유무	0: no 1: yes
Targetlesion	Target lesion	1.LM 2.LAD 3.LCX 4.RCA 5.LM/LAD+LM/LCX 6.LM/LAD+RCA 7.LM/LCX+RCA 8.LM/LAD+LM/LCX+RCA
NoDzVV	No. of diseased vessel	1. one 2. two 3. three 4. four
TotalNoST	No. of stent	단위: 개
LESION_0	Lesion number	1: 첫번째 lesion 2: 두번째 lesion 3: 세번째 lesion 4: 네번째 lesion
LESION_ VESSEL	첫번째 병변 위치	LAD,LCX,RCA,LM,Ramus 중 택일
STENT1	첫번째 병변 첫번째 스텐트 이름	(예시) Biomatrix
STENT1_DIA	첫번째 병변 첫번째 스텐트 직경	단위: mm
STENT1_LEN	첫번째 병변 첫번째 스텐트 길이	단위: mm
STENT2	첫번째 병변 두번째 스텐트 이름	(예시) Biomatrix
STENT2_DIA	첫번째 병변 두번째 스텐트 직경	단위: mm
STENT2_LEN	첫번째 병변 두번째 스텐트 길이	단위: mm
STENT3	첫번째 병변 세번째 스텐트 이름	(예시) Biomatrix
STENT3_DIA	첫번째 병변 세번째 스텐트 직경	단위: mm
STENT3_LEN	첫번째 병변 세번째 스텐트 길이	단위: mm
STENT4	첫번째 병변 네번째 스텐트 이름	(예시) Biomatrix
STENT4_DIA	첫번째 병변 네번째 스텐트 직경	단위: mm
STENT4_LEN	첫번째 병변 네번째 스텐트 길이	단위: mm
LESION_0.1	Lesion number	1: 첫번째 lesion 2: 두번째 lesion 3: 세번째 lesion 4: 네번째 lesion
LESION_ VESSEL.1	두번째 병변 위치	LAD, LCX, RCA, LM, Ramus 중 택일
STENT1.1	두번째 병변 첫번째 스텐트 이름	(예시) Biomatrix

변수이름	변수 설명	데이터 예시
STENT1_DIA.1	두번째 병변 첫번째 스텐트 직경	단위: mm
STENT1_LEN.1	두번째 병변 첫번째 스텐트 길이	단위: mm
STENT2.1	두번째 병변 두번째 스텐트 이름	(예시) Biomatrix
STENT2_DIA.1	두번째 병변 두번째 스텐트 직경	단위: mm
STENT2_LEN.1	두번째 병변 두번째 스텐트 길이	단위: mm
STENT3.1	두번째 병변 세번째 스텐트 이름	(예시) Biomatrix
STENT3_DIA.1	두번째 병변 세번째 스텐트 직경	단위: mm
STENT3_LEN.1	두번째 병변 세번째 스텐트 길이	단위: mm
STENT4.1	두번째 병변 네번째 스텐트 이름	(예시) Biomatrix
STENT4_DIA.1	두번째 병변 네번째 스텐트 직경	단위: mm
STENT4_LEN.1	두번째 병변 네번째 스텐트 길이	단위: mm
LESION_0.2	Lesion number	1: 첫번째 lesion 2: 두번째 lesion 3: 세번째 lesion 4: 네번째 lesion
LESION_ VESSEL.2	세번째 병변 위치	LAD, LCX, RCA, LM, Ramus 중 택일
STENT1.2	세번째 병변 첫번째 스텐트 이름	(예시) Biomatrix
STENT1_DIA.2	세번째 병변 첫번째 스텐트 직경	단위: mm
STENT1_LEN.2	세번째 병변 첫번째 스텐트 길이	단위: mm
STENT2.2	세번째 병변 두번째 스텐트 이름	(예시) Biomatrix
STENT2_DIA.2	세번째 병변 두번째 스텐트 직경	단위: mm
STENT2_LEN.2	세번째 병변 두번째 스텐트 길이	단위: mm
STENT3.2	세번째 병변 세번째 스텐트 이름	(예시) Biomatrix
STENT3_DIA.2	세번째 병변 세번째 스텐트 직경	단위: mm
STENT3_LEN.2	세번째 병변 세번째 스텐트 길이	단위: mm
STENT4.2	세번째 병변 네번째 스텐트 이름	(예시) Biomatrix
STENT4_DIA.2	세번째 병변 네번째 스텐트 직경	단위: mm
STENT4_LEN.2	세번째 병변 네번째 스텐트 길이	단위: mm
LESION_0.3	Lesion number	1: 첫번째 lesion 2: 두번째 lesion 3: 세번째 lesion 4: 네번째 lesion
LESION_ VESSEL.3	네번째 병변 위치	LAD, LCX, RCA, LM, Ramus 중 택일
STENT1.3	네번째 병변 첫번째 스텐트 이름	(예시) Biomatrix
STENT1_DIA.3	네번째 병변 첫번째 스텐트 직경	단위: mm
STENT1_LEN.3	네번째 병변 첫번째 스텐트 길이	단위: mm
STENT2.3	네번째 병변 두번째 스텐트 이름	(예시) Biomatrix
STENT2_DIA.3	네번째 병변 두번째 스텐트 직경	단위: mm
STENT2_LEN.3	네번째 병변 두번째 스텐트 길이	단위: mm

변수이름	변수 설명	데이터 예시
STENT3.3	네번째 병변 세번째 스텐트 이름	(예시) Biomatrix
STENT3_DIA.3	네번째 병변 세번째 스텐트 직경	단위: mm
STENT3_LEN.3	네번째 병변 세번째 스텐트 길이	단위: mm
STENT4.3	네번째 병변 네번째 스텐트 이름	(예시) Biomatrix
STENT4_DIA.3	네번째 병변 네번째 스텐트 직경	단위: mm
STENT4_LEN.3	네번째 병변 네번째 스텐트 길이	단위: mm
STATIN	(퇴원약 혹은 퇴원후 첫외래처방) Statin	0: no 1: yes
STATIN_NM	(퇴원약 혹은 퇴원후 첫외래처방) Statin 이름	성분명
STATIN_DOSE	일당 총용량	단위: mg/day
Enroll_DATE	등록날짜	(예시) 2018-05-05
PCI_DATE	PCI 시행날짜	(예시) 2018-05-05
VERI_P_DATE	검사날짜(Verifynow)	(예시) 2018-05-05
DIS_DATE	퇴원날짜	(예시) 2018-05-05
FINAL_FU_DATE	마지막 추적된 날짜	(예시) 2018-05-05
TOTAL_DEATH	퇴원후 추적관찰기간 동안 사망발생 여부	0: no 1: yes
CV_DEATH	퇴원후 추적관찰기간 동안 심장사망발생 여부	0: no 1: yes
DEATH_DATE	퇴원후 추적관찰기간 동안 사망날짜	(예시) 2018-05-05
MI_YN	퇴원후 추적관찰기간 동안 심근경색발생 여부	0: no 1: yes
MI_DATE	퇴원후 추적관찰기간 동안 심근경색 발생날짜	(예시) 2018-05-05
ST_YN	퇴원후 추적관찰기간 동안 스텐트혈전증발생 여부	0: no 1: yes
ST_DATE	퇴원후 추적관찰기간 동안 스텐트혈전증 발생날짜	(예시) 2018-05-05
CVA_YN	퇴원후 추적관찰기간 동안 뇌졸중 발생 여부	0: no 1: yes
CVA_DATE	퇴원후 추적관찰기간 동안 뇌졸중 발생날짜	(예시) 2018-05-05
CVA_TYPE	뇌졸중 타입	1: Ischemic 2: Hemorrhagic 3: Unk0wn
TOTAL_RR	퇴원후 추적관찰기간 동안 재개통술 발생 여부	0: no 1: yes
RR_DATE	퇴원후 추적관찰기간 동안 재개통술 발생날짜	(예시) 2018-05-05
CD_RR	퇴원후 추적관찰기간 동안 임상증상 및 사건발생과 관련된 재개통술 발생 여부	0: no 1: yes

찾아보기

%>% 22, 39

A

aggregate 33
apply 29
arrange 27, 37
array 18
as.character 26, 57
as.data.frame 26
as.Date 57
as.factor 26, 57
as.integer 57
as.logical 26, 57
as.matrix 26
as.numeric 26, 57
as.vector 26

B

boxplot 162, 166

C

c 18
case_when 74, 157
cbind 27
class 24
colnames 21
complete.cases 24, 52
coords 186
coxph 179

D

data.frame 23
dataframe 18, 20
day 65
densityplot 165
difftime 170
dim 27, 143
dmy 64
do.call 90
dplyr 36
droplevels 76
duplicated 55

F

filter 22, 36
format 63
for문 28
function문 29

G

getdata 164
getwd 45
ggsurvplot 178
grep 95
group_by 38
gsub 90, 95

H

head 27

I

ifelse문 29
install.packages 13
is.character 26
is.data.frame 26
is.factor 26
is.logical 26
is.matrix 26
is.na 24
is.numeric 26
is.vector 26

L

lapply 31
length 24
library 13
list 18, 23
lubridate 63

M

matrix 18
max 24
mctp 160
mdy 64
mean 25
median 25
merge 27
min 24
month 65
moonBook 120
mutate 38
mycsv 121, 158
mytable 120, 159

N

names 27, 60, 85, 143
na.omit 27
na.rm 25
nchar 25
ncol 27
nparcomp 160
nrow 27, 72

O

order 24

P

paste 25
plot 123
pROC 185
prop.trend.test 184

Q

quantile 25, 183
quarter 65

R

range 25
rank2group 183
rbind 27, 151
rbindlist 151
read.csv 50, 133
read_excel 135
readxl 135
read_xlsx 48, 135
read.xlsx 136
regular expression 95
rename 105, 145
rep 24
repNA 81
require 13
rm 24
roc 185
rownames 21
R Studio 10

S

sd 25
select 22, 36
semester 65
seq 24
setwd 45
sort 24
str 18, 27, 143
strata 164
str_count 92
str_detect 95
str_extract 92, 95
stringr 92
stripchart 163
stri_rand_strings 142
str_replace 110
str_replace_all 95, 110
strsplit 95
str_trim 25
subset 22
substr 25
summarise 38
summary 27, 72
Surv 177
survdiff 177
survival 177
survminer 178

T

table 72
tolower 25, 91
toupper 25

U

unique 55
unlist 24

V

vector 17
VIM 78

W

wday 65
week 65
which 22, 24
with 24, 156
within 156
write.csv 62, 133
writexl 135
write_xlsx 135
write.xlsx 136

X

xlsx 136

Y

year 65
ymd 64